TABLERO Y PIEDRAS

GUNNAR DICKFELD

TURNO DE LAS NEGRAS
EL LIBRO DE EJERCICIOS DE GO

30 KYU - 25 KYU

TABLERO Y PIEDRAS

La Deutsche Nationalbibliothek recoge esta publicación en la Deutsche National-bibliografie. Los datos bibliográficos están disponibles en la dirección de Internet http://dnb.dnb.de .

ISBN 978-3-940563-50-7

© 2013, Tablero y Piedras, Gunnar Dickfeld, Frankfurt a.M.
Tablero y Piedras is a trademark of Brett und Stein Verlag

www.tableroypiedras.es

Diseño de sobrecubierta: HAMMERGEIGEROT
Imprenta: Books on Demand GmbH, Norderstedt

Diagramas elaborados con
SmartGo™: http://www.smartgo.com

Printed in Germany

Prólogo

El juego de tablero estratégico se originó en Asia y es muy popular hace desde 4000 años. Es un instrumento para incrementar nuestra capacidad creativa. Aunque se considera el Go como un juego muy complejo y misterioso, las reglas son simples y es más facil que el ajedrez. Se requiere solo pocas minutos para aprender las reglas básicas. Incluso los niños pueden divertirse. Pocas reglas y pocas restricciones permiten muchas posiciones y combinaciones.

Este libro de ejercicios es para los jugadores que acaban de conocer el juego. Se ofrece ejercicios que ayudan a profundizar y desarrollar el entendimiento de las reglas. Se estudia las relaciones y dependencias entre las piedras y así se puede mejorar la táctica. De principio a fin, los ejercicios aumentan su grado de dificultad.

Va a ver como se puede mejorar el entendimiento del juego, y también se sorprenderá a sus amigos y oponentes!

Gunnar Dickfeld

Contenido

Las reglas (básicas) del Go

Inicio de la partida

Los jugadores ponen las piedras alternadamente en las intersecciones. Cada uno tiene la libertad de seleccionar una interseccion vacía. La piedra puesta no se puede mover hasta el final de la partida. Las negras juegan primero. Un jugador puede pasar (no pone una piedra). Con las piedras se crean conexiones y grupos.

Rodear un territorio

Los jugadores tratan de rodear partes del tablero poniendo las piedras alternadamente. Las áreas que estan completamente rodeadas, se llaman territorios.

Rodear de piedras

Una piedra en el tablero tiene cuatro intersecciones directas, que se llaman libertades, es decir se consideran solo estos puntos de interseccion vecinos horizontales o verticales.

Si la piedra está en un borde, se tiene solo tres libertades. En los ejercicios del capítulo „libertades" se encuentran mas ejemplos.

Cuando el contrario ocupa todos puntos vecinos, se considera que ha rodeado una piedra. Cuando la piedra esta rodeada, es capturada y el jugador debe sacar la piedra del tablero. Los puntos diagonales no se deben ocupar.

Piedras conectadas del mismo participante crean conexiones que solo pueden capturarse en su conjunto. Un jugador termina su turno en caso de que se ocupe la última libertad de una piedra y las piedras capturadas se sacan del tablero. En los ejercicios del capítulo „Atari" y „Captura" se encuentra mas ejemplos.

Suicido prohibido

No se puede poner una piedra de forma que no tenga libertades, debido a que tal jugada sería como un suicidio. Esto se llama la regla „suicido prohibido".

Sin embargo, cuando se captura una o mas piedras del oponente con una jugada, la piedra puesta recibe al menos una libertad: la captura evita el suicidio. La definición de jugadas permitidas se encuentra en el capítulo „permitido?"

La regla del kō

Si una piedra acaba de capturar otra piedra, no se podrá capturar dicha piedra en la jugada siguiente. Por ejemplo, si una piedra blanca captura una negra, la negra no se puede recapturar por las blancas inmediatamente. Esta jugada está prohibida durante un turno, es decir, cuando las negras pongan una piedra en otro lugar, entonces si se podrá capturar la piedra en cuestion (esto se conoce como « ko »). Se encuentra unas ejercicios en el capítulo „Ko".

El territoria y las capturas

La partida de Go se termina cuando los dos jugadores han pasado, es decir que no se quieren poner mas piedras porque no se pueden ganar mas puntos. Ahora las piedras capturadas se sacan del tablero. En este momento se hace el recuento de todas intersecciones rodeadas de un color.

Pero antes se ponen todas piedras capturadas y sacadas en el tablero: piedras negras en el territorio negro y piedras blancas en el territorio blanco. Así se reducen los puntos de los jugadores. Se encuentra ejercicios en el capítulo „final de la partida".

Libertades

Las piedras de Go tienen intersecciones vecinas que se llaman libertades. ¿Cuantas libertades tiene la piedra negra? En el primer ejercicio se explica la numeración.

1

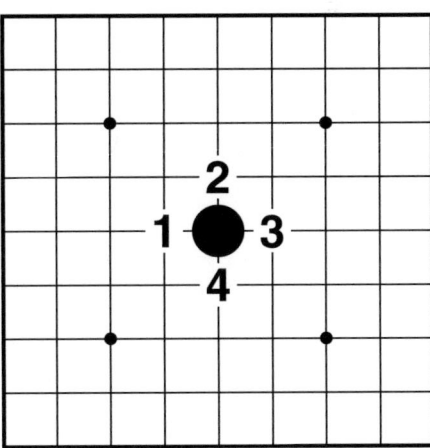

Negro.

¿Cuantas libertades tienen sus dos piedras?

2

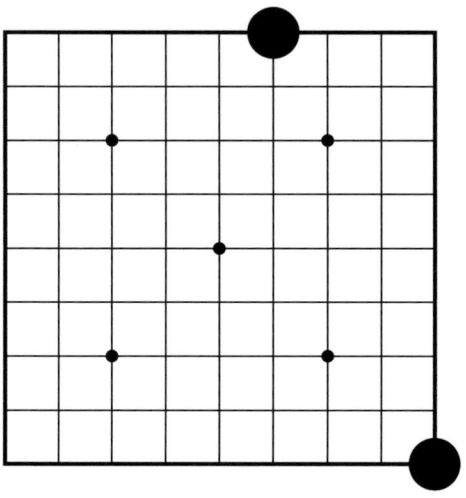

Negro.

¿Cuantas libertades tienen sus piedras negras?

3

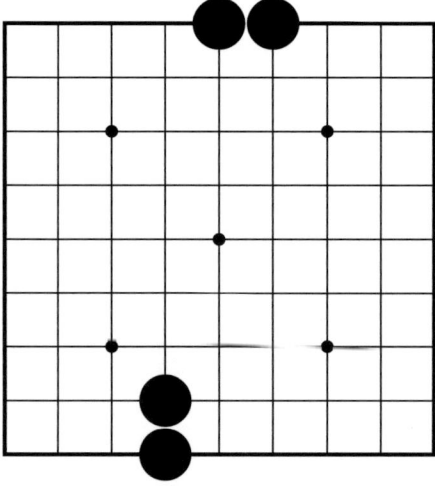

Negro.

¿Cuantas libertades tienen sus piedras?

4

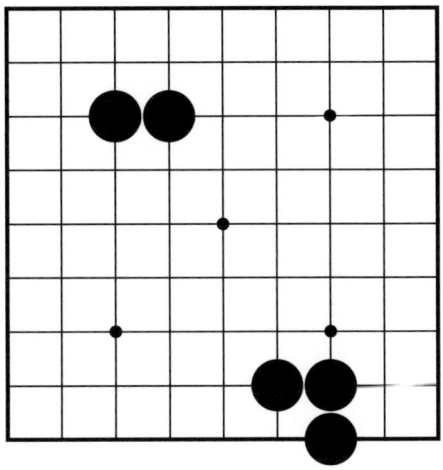

Negro.

¿Cuantas libertades tienen sus piedras negras?

5

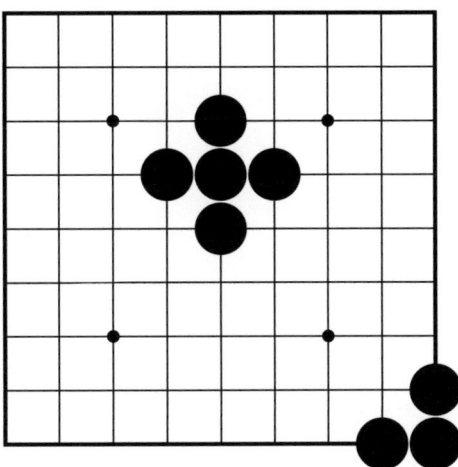

Negro.

¿Cuantas libertades tienen sus piedras?

6

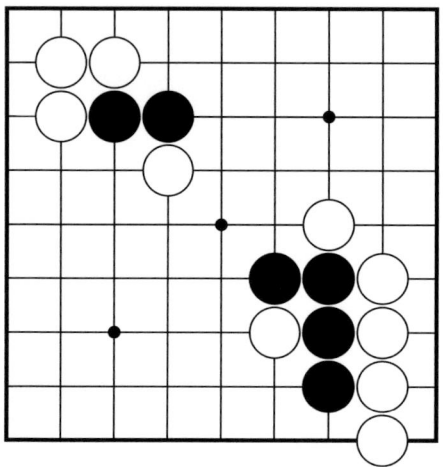

Negro.

¿Cuantas libertades tienes las piedras blancas?

7

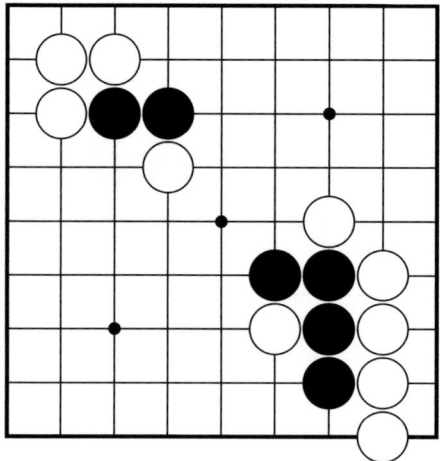

Atari

En caso de que las piedras solo tienen una interseccion libre, se están en Atari y se pueden capturar con el siguente turno.

La piedra blanca marcada está en Atari. ¿Donde se tiene que poner para capturarla?

8

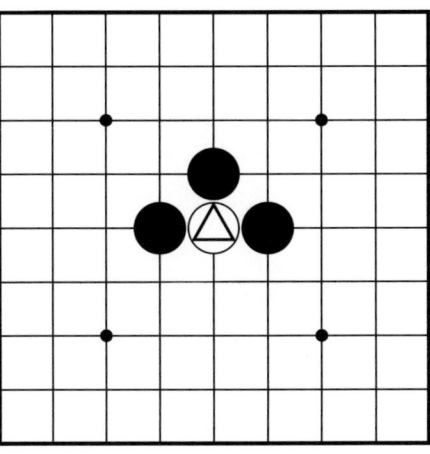

Turno de las Negras.

Dos piedras blancas están en Atari. ¿Donde se tiene que poner para capturarlas?

9

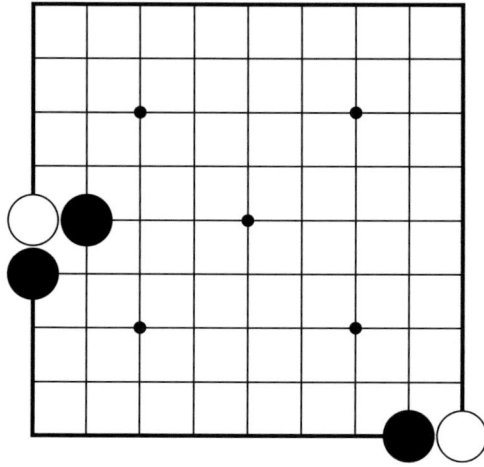

Turno de las Negras.

¿Que piedras blancas están en Atari?

10

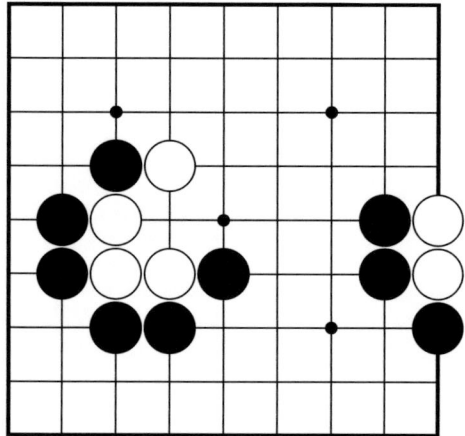

Turno de las Negras.

Dos piedras blancas están en Atari. ¿Donde se tiene que poner para capturarlas?

11

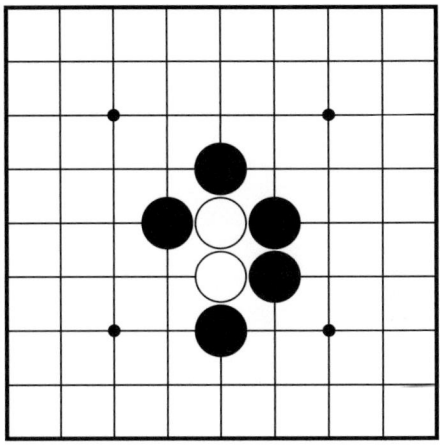

Turno de las Negras.

¿Que piedras blancas están en Atari?

12

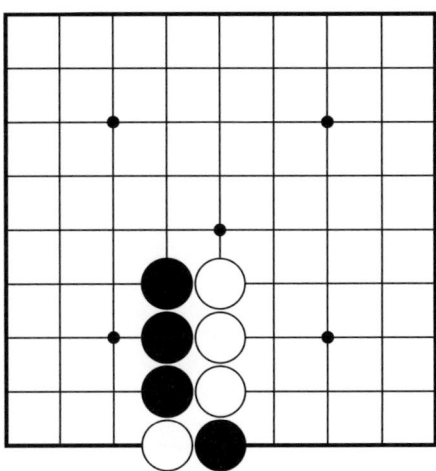

Turno de las Negras.

Las piedras blancas están en Atari. ¿Como se puede capturarlas?

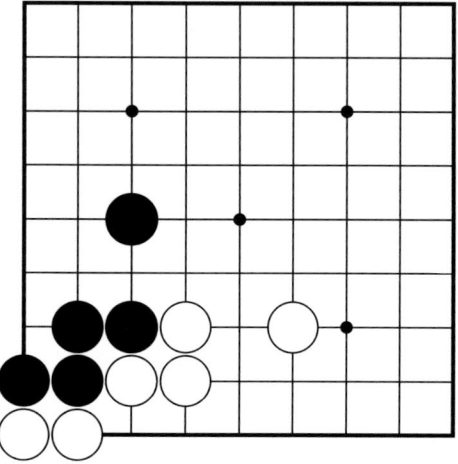

Turno de las Negras.

Dos piedras blancas están en Atari. ¿Donde se tiene que poner para capturarlas?

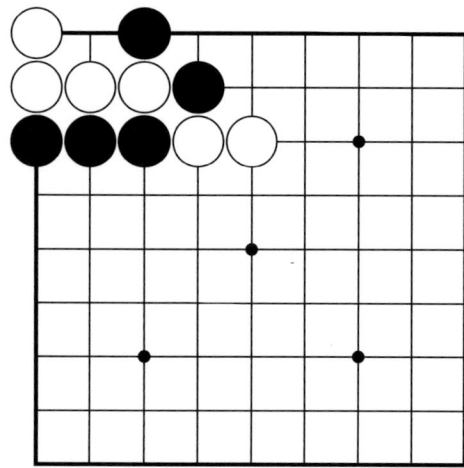

Turno de las Negras.

Que piedras están en Atari. ¿Donde se puede capturar?

15

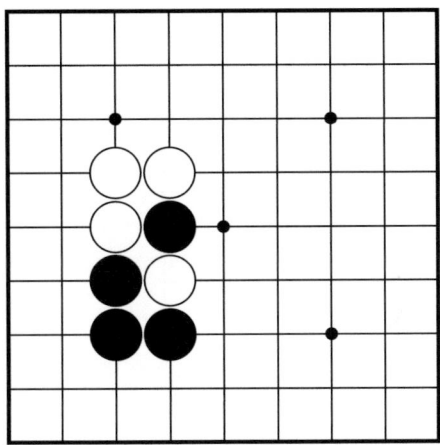

Turno de las Negras.

Que piedras blancas están en Atari. ¿Donde se puede capturar?

16

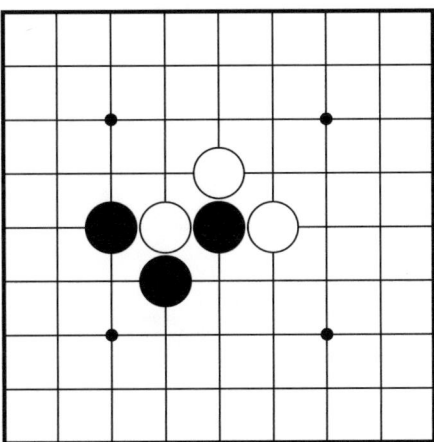

Turno de las Negras.

Que piedras están en Atari. ¿Donde se puede capturar?

17

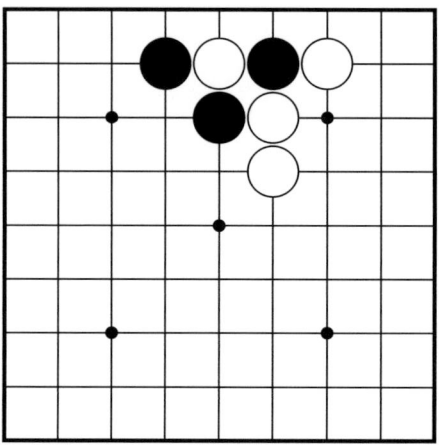

Turno de las Negras.

Que piedras están en Atari. ¿Donde se puede capturar?

18

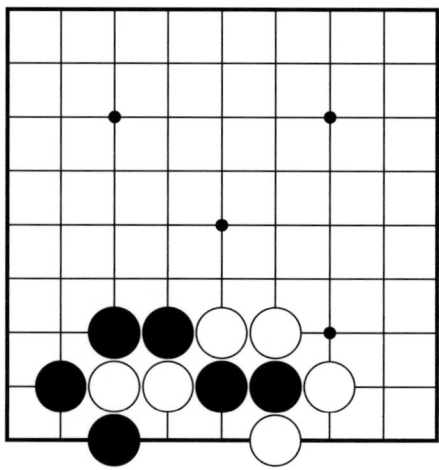

La captura

La captura de las piedras es muy importante en la partida del Go. Durante los ejercicios se debería reconocer que piedras se pueden capturar.

¿Donde se tiene que poner para capturar una piedra ?

19

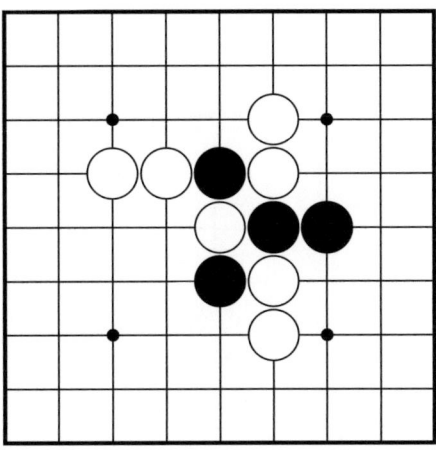

Turno de las Negras ...

... y captura una piedra blanca!

20

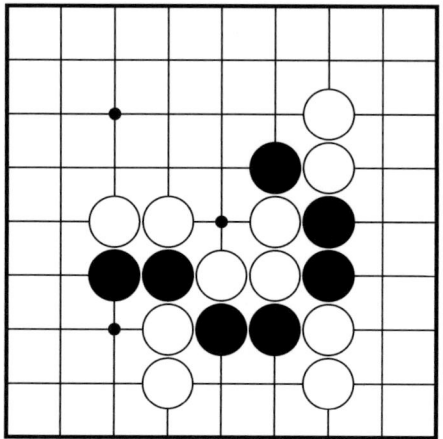

Turno de las Negras ...

... y captura piedras blancas!

21

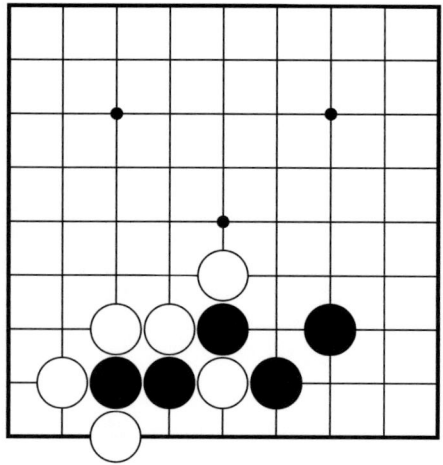

Turno de las Negras ...

... y captura piedras blancas!

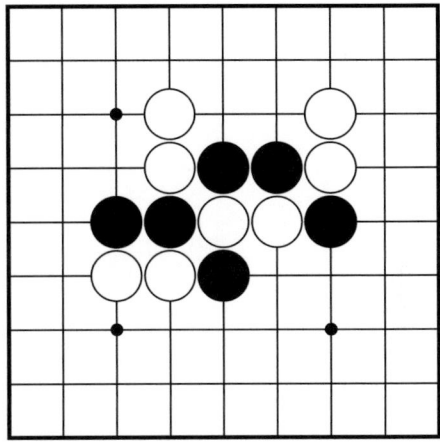

22

Turno de las Negras.

¿Que piedras capturaría?

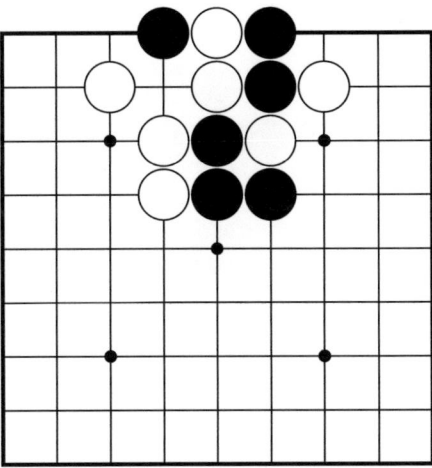

23

Turno de las Negras ...

… y captura piedras blancas!

24

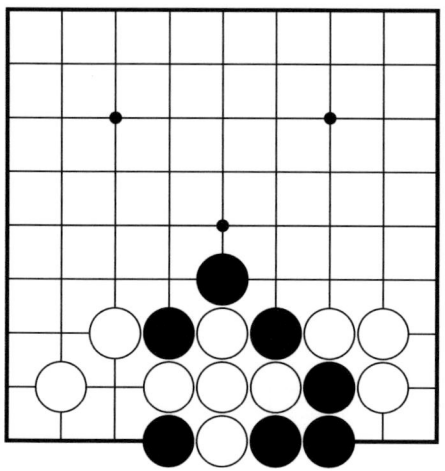

Turno de las Negras.

¿Donde se puede y se tiene que capturar?

25

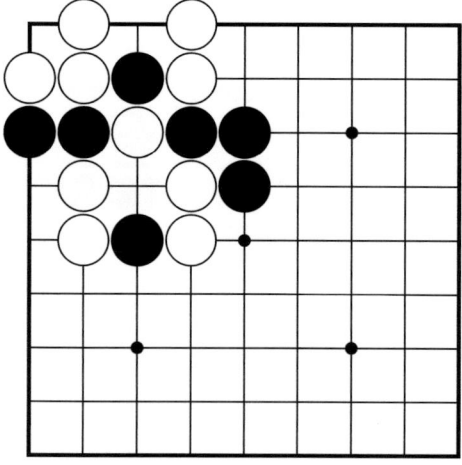

Turno de las Negras.

¿Donde se puede y se tiene que capturar?

26

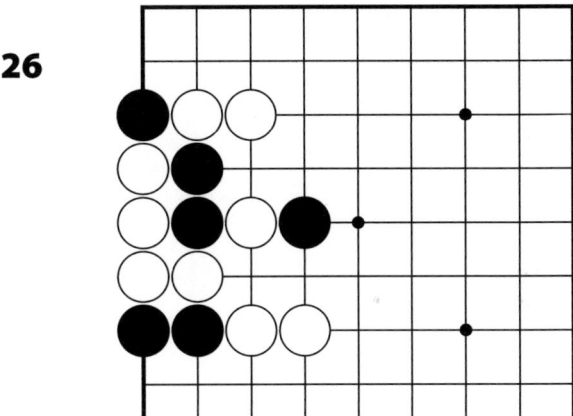

Turno de las Negras ...

... y captura piedras blancas!

27

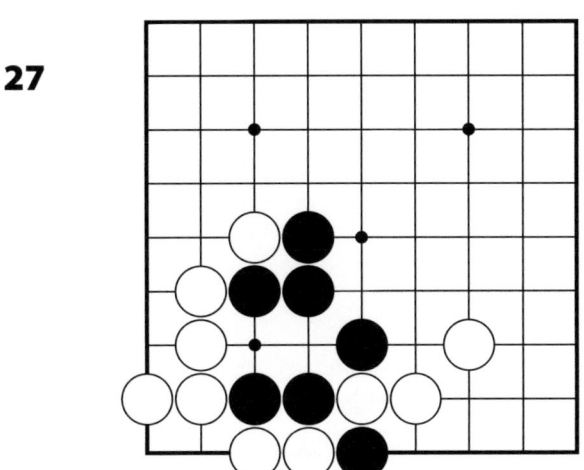

Turno de las Negras ...

... y captura piedras blancas!

28

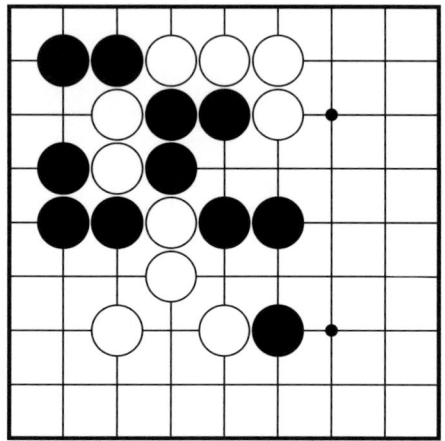

Turno de las Negras ...

... y captura piedras blancas!

29

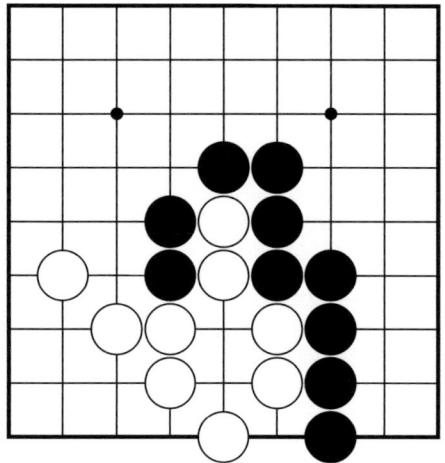

Conectar

Piedras que están en Atari se puede liberar. La conexión con otras piedras es una salida segura ya que las piedras conectadas ganan libertades.

¿Como se puede proteger la piedra marcada de ser capturada?

30

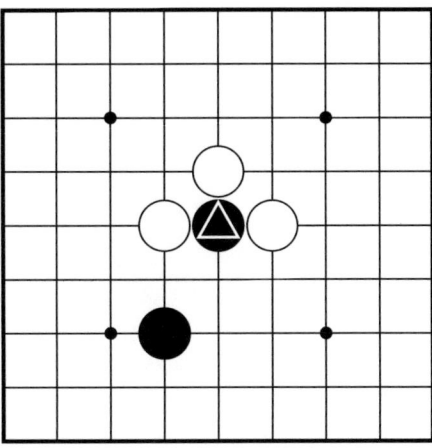

Turno de las Negras ...

... y libra la piedra marcada del Atari!

31

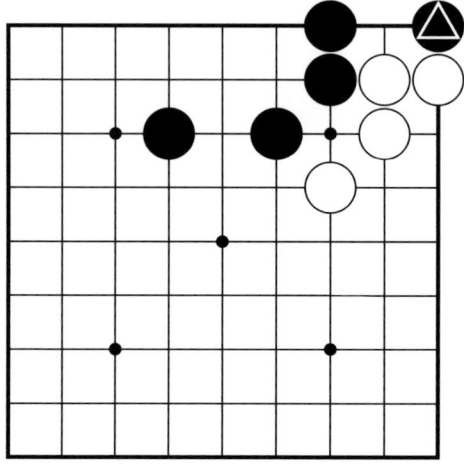

Turno de las Negras.

Dos piedras negras están en Atari. ¿Como se puede librar las piedras marcadas?

32

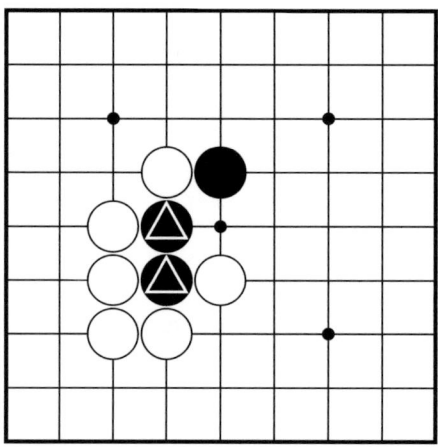

Turno de las Negras.

Una piedra negra está en Atari. ¿Como se puede librar la piedra?

33

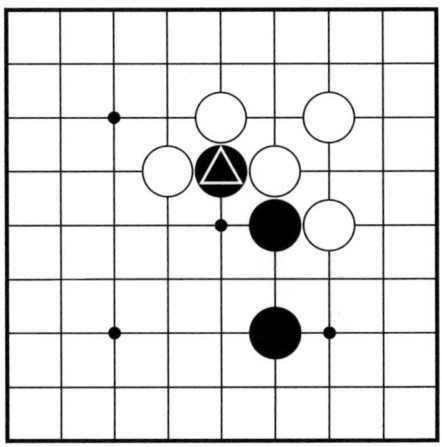

Turno de las Negras ...

... y libra la piedra marcada del Atari!

34

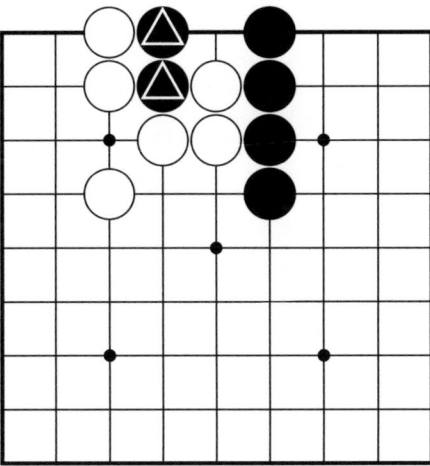

Turno de las Negras ...

... y libra las piedras marcadas del Atari!

35

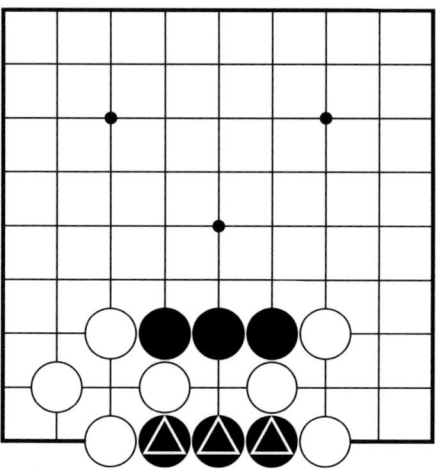

Turno de las Negras ...

... y libra las piedras marcadas!

36

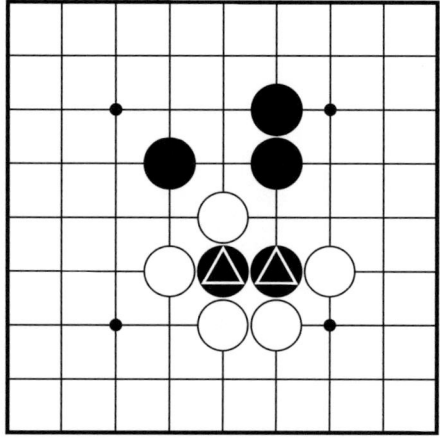

Turno de las Negras ...

... y libra las piedras marcadas del Atari!

37

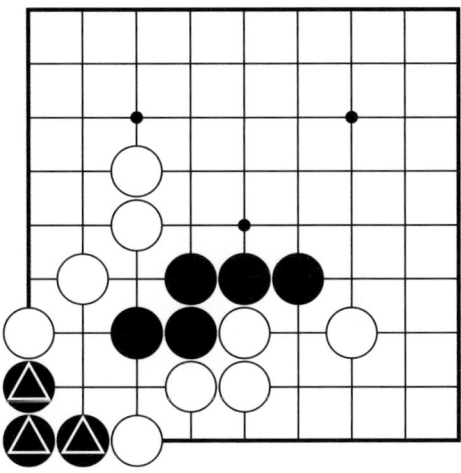

Turno de las Negras ...

... y libra las piedras marcadas del Atari!

38

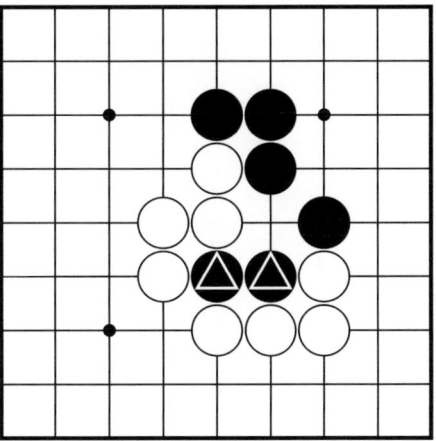

Turno de las Negras ...

... y conecta las piedras!

39

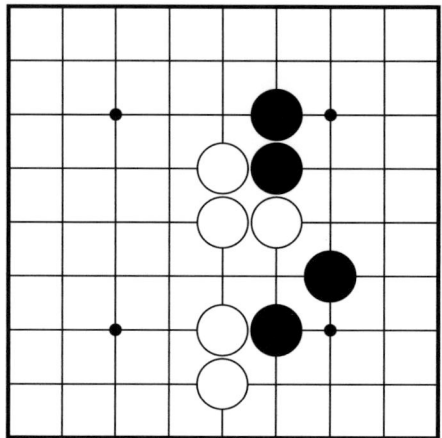

Turno de las Negras ...

... y conecta las piedras!

40

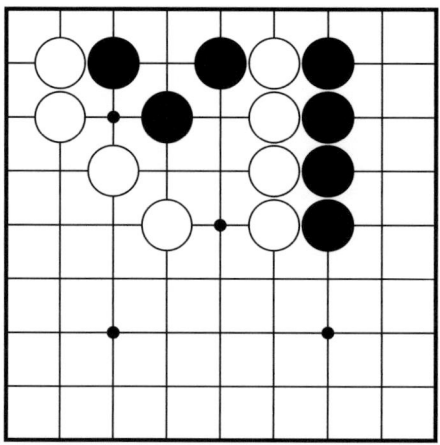

Direcciones

Poner las piedras del oponente en Atari no es difícil. Pero es importante la direccion así que las piedras no se pueden escapar.

¿Que Atari se quiere jugar: A o B ?

41

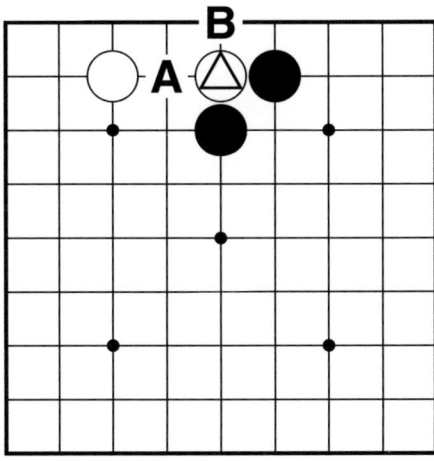

Turno de las Negras.

¿Que Atari captura tres piedras blancas: A o B?

42

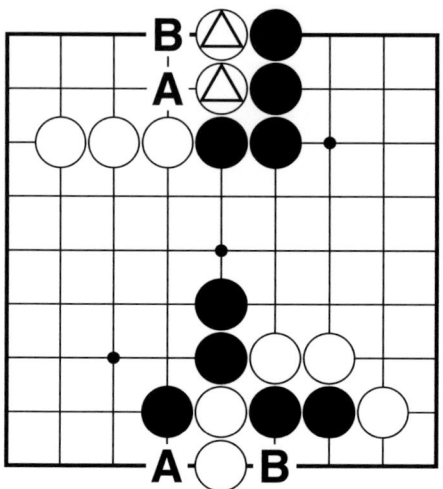

Turno de las Negras.

¿Que Atari es correcto: A o B?

43

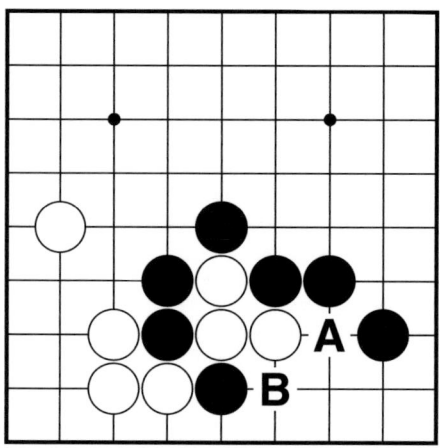

Turno de las Negras.

¿Que Atari se juega: A o B?

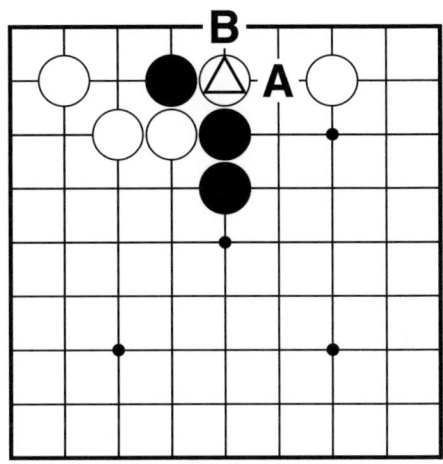

44

Turno de las Negras.

¿Que Atari se juega: A o B?

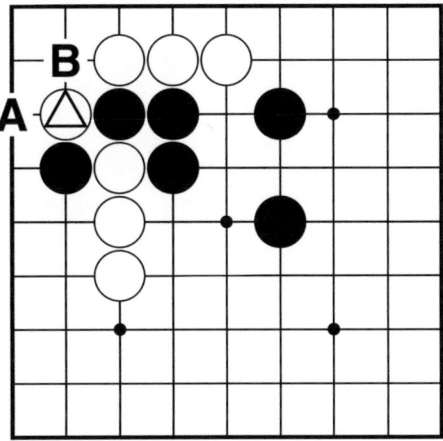

45

Turno de las Negras.

¿Que Atari es correcto: A o B?

46

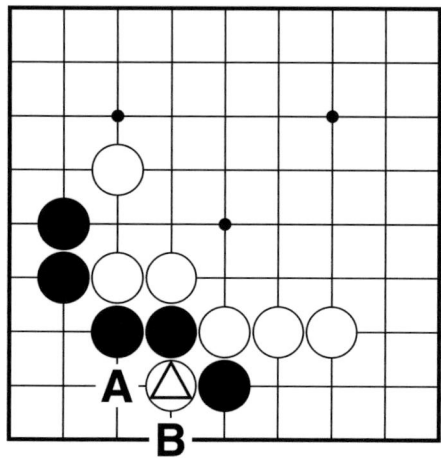

Turno de las Negras.

¿Que Atari se juega: A o B?

47

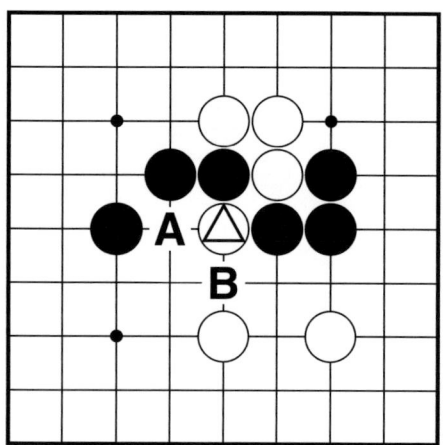

Turno de las Negras.

¿Que Atari es correcto: A o B?

48

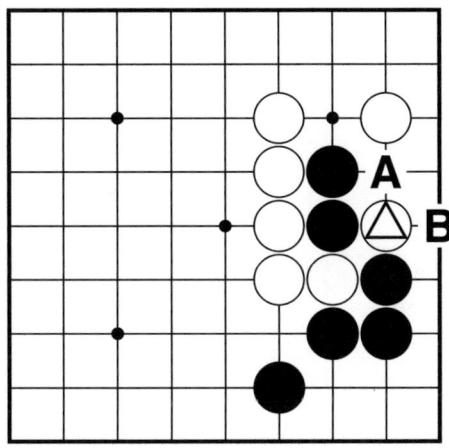

Turno de las Negras.

¿Que Atari se juega: A o B?

49

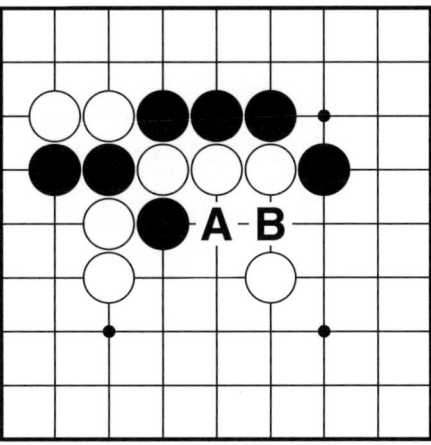

Turno de las Negras.

¿Que Atari se puede jugar la negra: A o B?

50

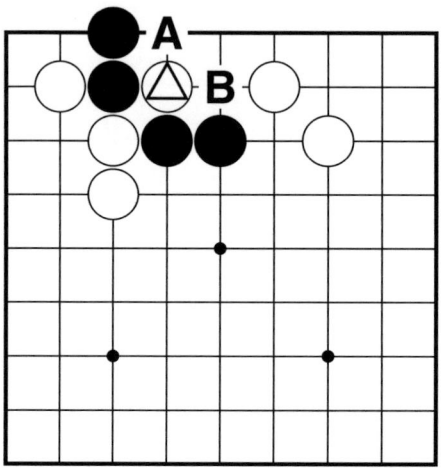

Turno de las Negras.

¿Que Atari se juega: A o B?

51

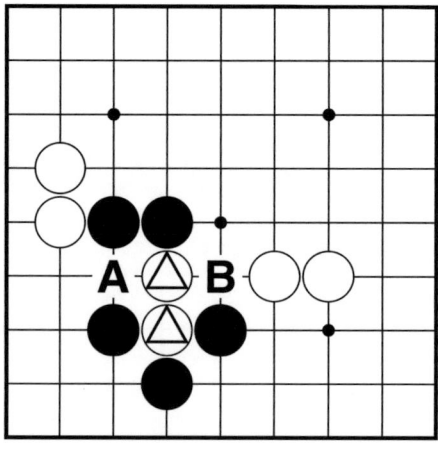

¿Permitido?

Algunos turnos no son permitidos en la partida del Go. Por ejemplo el suicido es prohibido. Sin embargo, la captura evita el suicido.

¿Es permitido el turno negro 1?

52

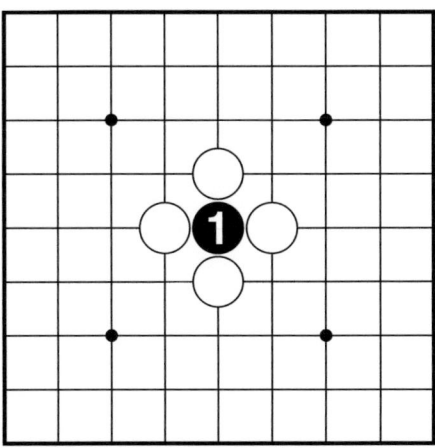

Negro.

¿Estos turnos son permitidos?

53

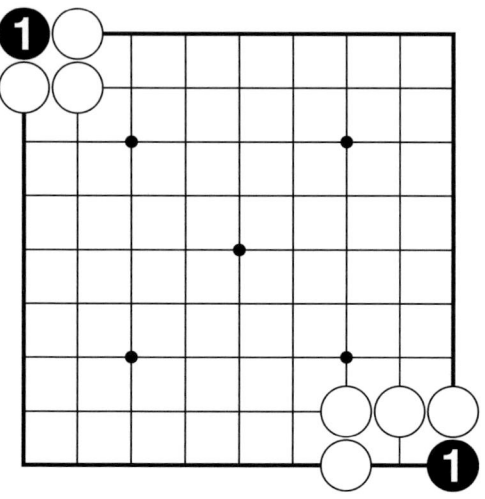

Negro.

¿Estos turnos son permitidos?

54

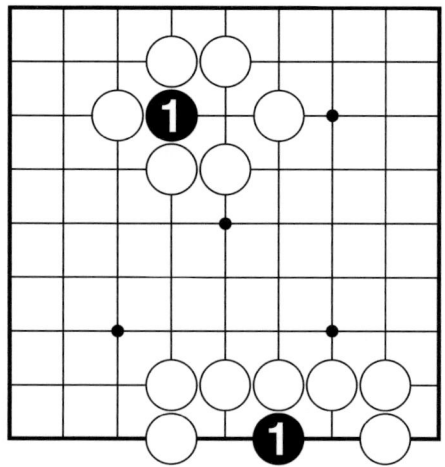

Negro.

¿Es permitido el turno negro 1?

55

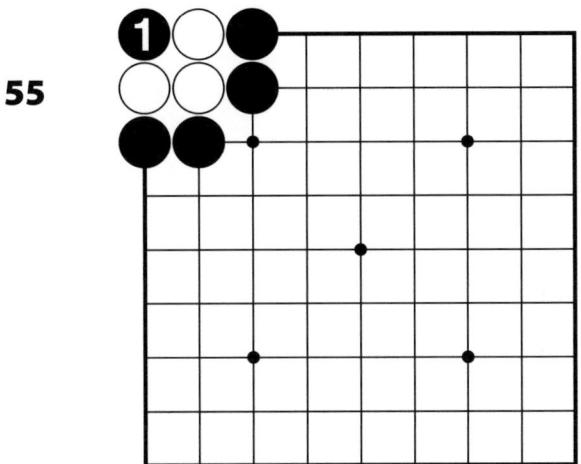

Negro.

¿Es permitido esto turno 1?

56

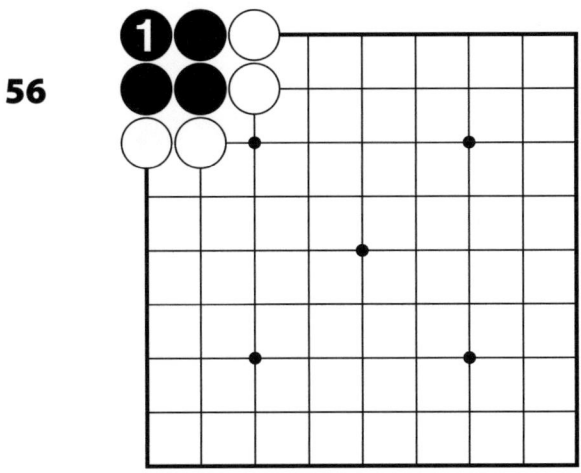

Negro.

¿Es permitido el turno negro 1?

57

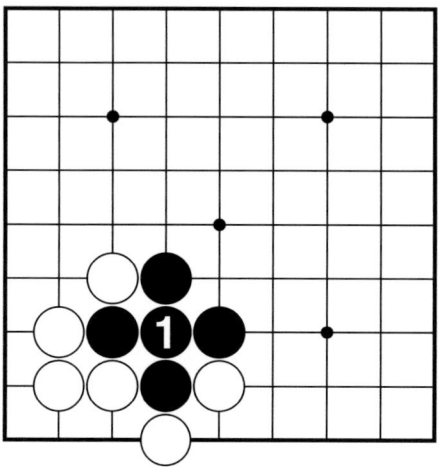

Negro.

¿Es permitido esto turno 1?

58

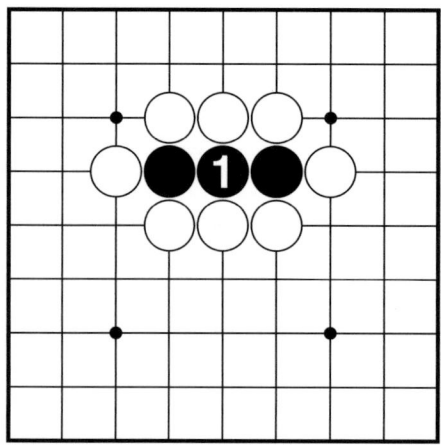

Negro.

¿Es permitido esto turno 1?

59

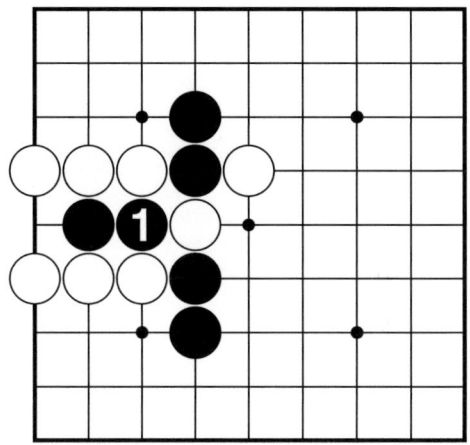

Negro.

¿El turno 1 de los negros es un suicido o se captura las piedras blancas?

60

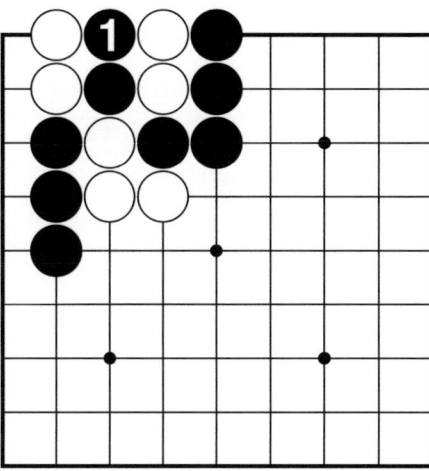

Negro.

¿Es permitido esto turno 1?

61

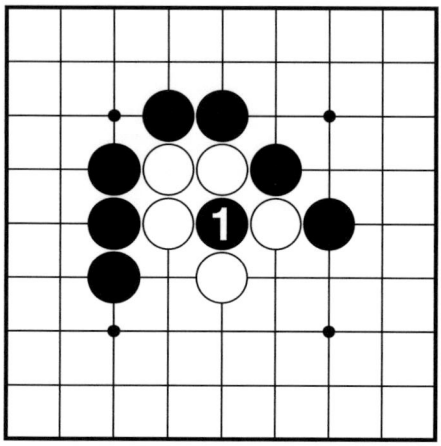

Negro.

¿Es permitido esto turno 1?

62

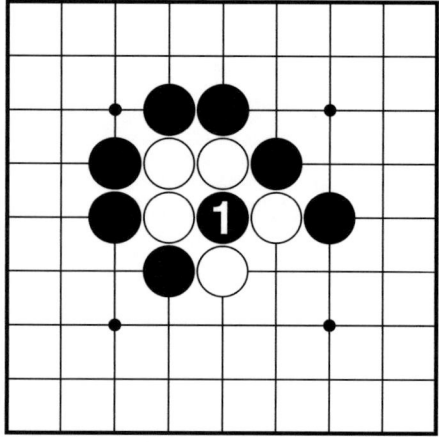

Doble-Atari

Un turno puede amenazar varias piedras del oponente que no puede defenderlas al mismo tiempo. Esto es un éxito. Estos turnos se llaman doble Atari.

¿Que Atari se debería jugar: A, B o C ?

63

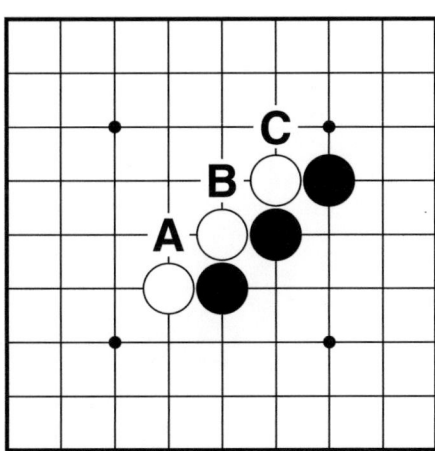

Turno de las Negras ...

… y juega un doble-Atari!

64

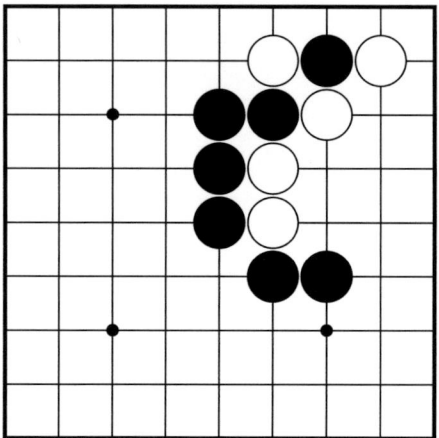

Turno de las Negras.

¿Donde se tiene que jugar para amenazar varias piedras del oponente al mismo tiempo?

65

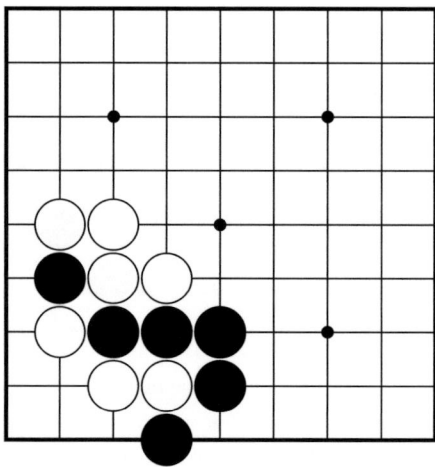

Turno de las Negras ...

… y juega un doble-Atari!

66

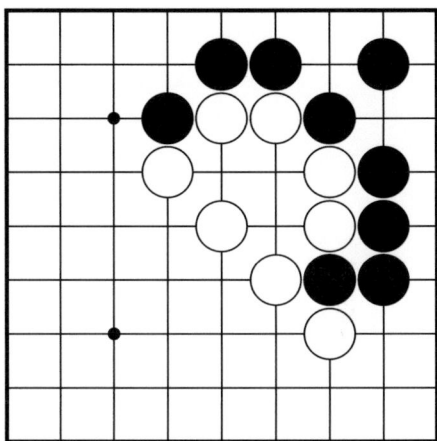

Turno de las Negras.

¿Donde se tiene que jugar para amenazar varias piedras del oponente al mismo tiempo?

67

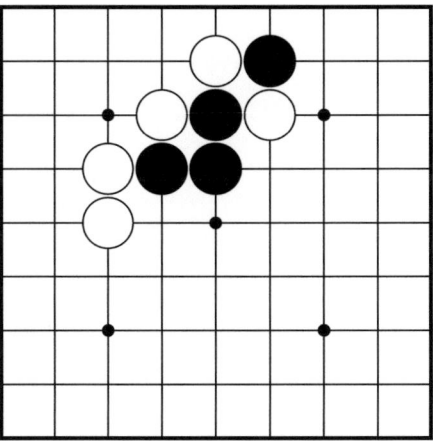

Turno de las Negras.

¿Donde se tiene que jugar para amenazar varias piedras del oponente al mismo tiempo?

68

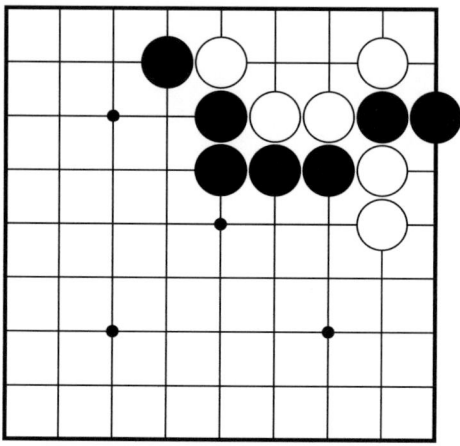

Turno de las Negras ...

... y juega un doble-Atari!

69

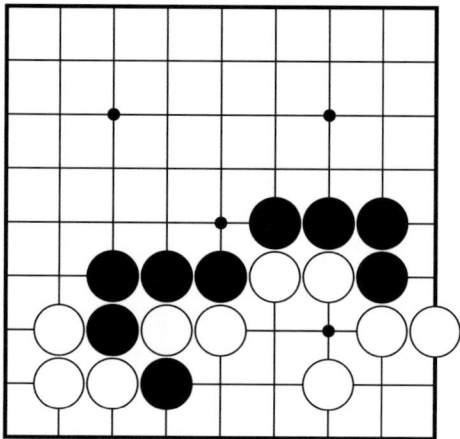

Turno de las Negras ...

... y juega un doble Atari!

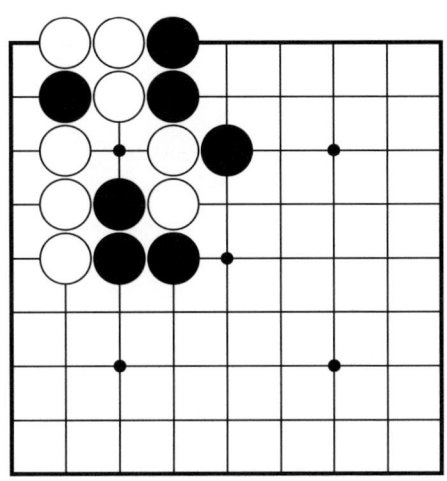

Turno de las Negras.

¿Como se puede amenazar varias piedras del oponente al mismo tiempo?

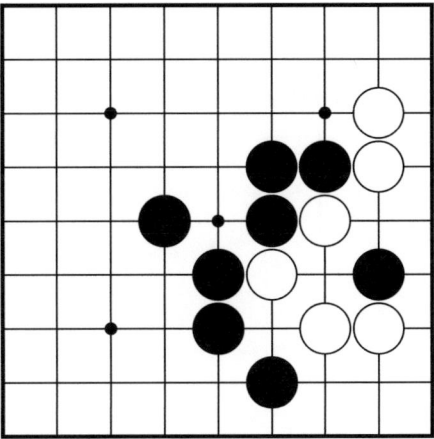

Turno de las Negras ...

... y juega un doble-Atari!

72

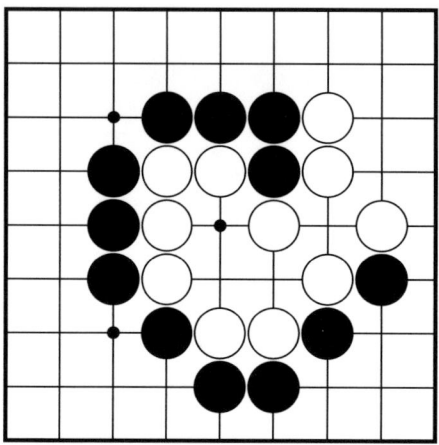

Turno de las Negras.

¿Como se puede amenazar varias piedras del oponente al mismo tiempo?

73

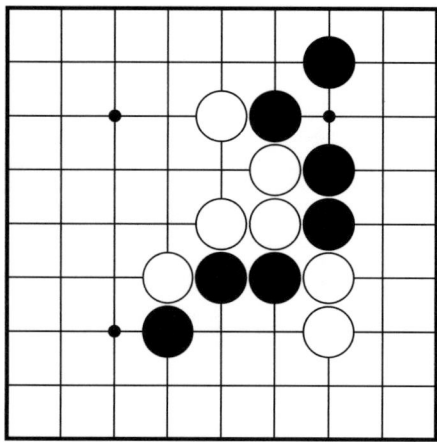

Separar

Dado que conectar sus piedras es bueno, separar las piedras de su oponente nunca puede ser malo.

¿Que punto conectar las piedras negras y separar las blancas al mismo tiempo?

74

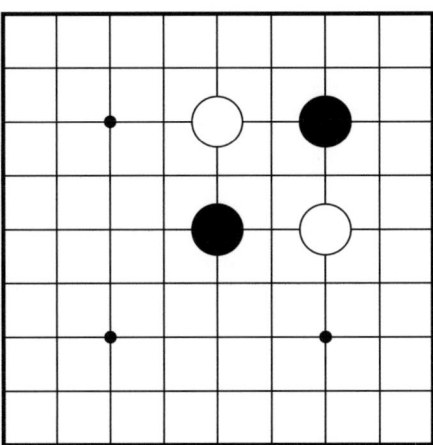

Turno de las Negras ...

... y separa las piedras blancas!

75

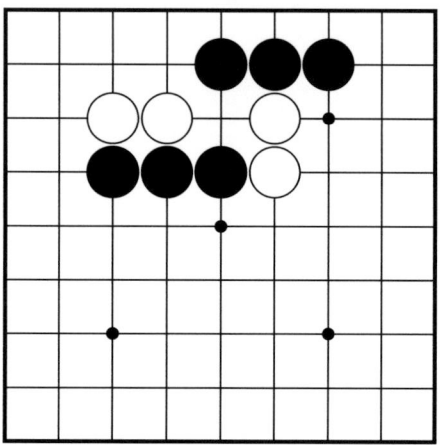

Turno de las Negras.

¿Donde se tiene que jugar para separar las piedras blancas?

76

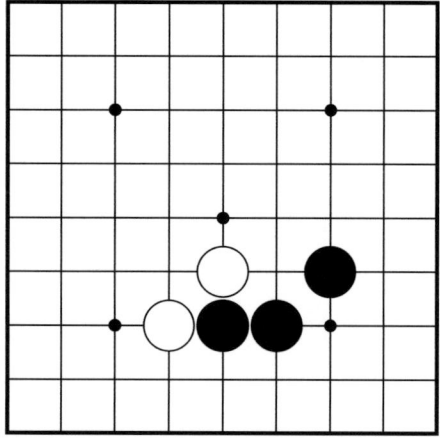

Turno de las Negras ...

... y separa las piedras blancas!

77

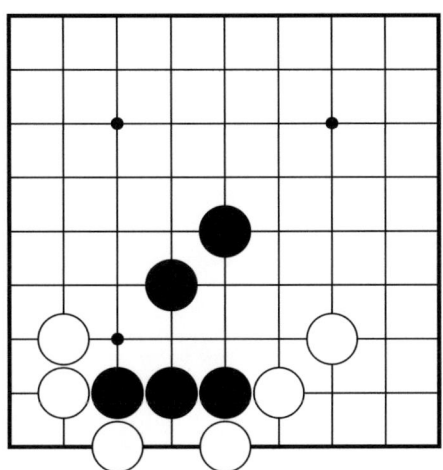

Turno de las Negras.

¿Donde se tiene que jugar para separar las piedras blancas?

78

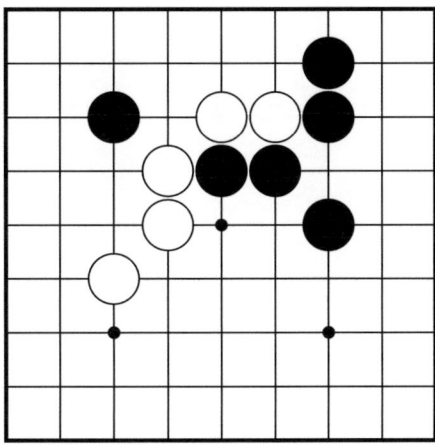

Turno de las Negras.

¿Donde se tiene que jugar para separar las piedras blancas?

79

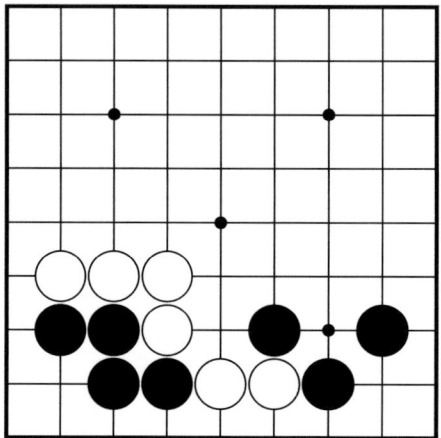

Turno de las Negras ...

... y separa las piedras blancas!

80

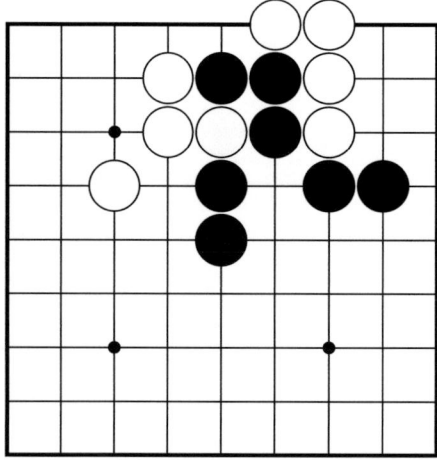

Turno de las Negras ...

... y separa las piedras blancas!

81

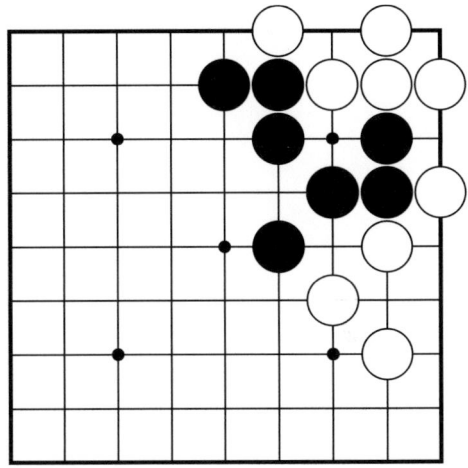

Turno de las Negras.

¿Donde se tiene que jugar para separar las piedras blancas?

82

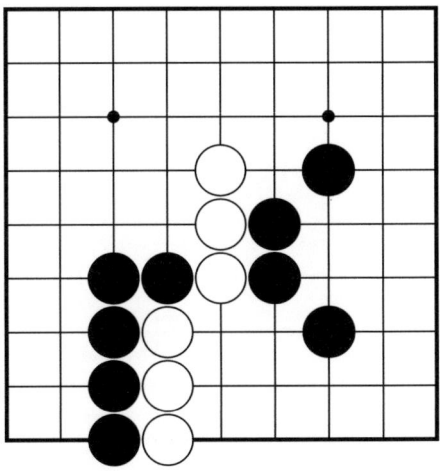

Turno de las Negras.

¿Las figuras muestran el inicio de la partida. Como se puede separar las piedras blancas?

83

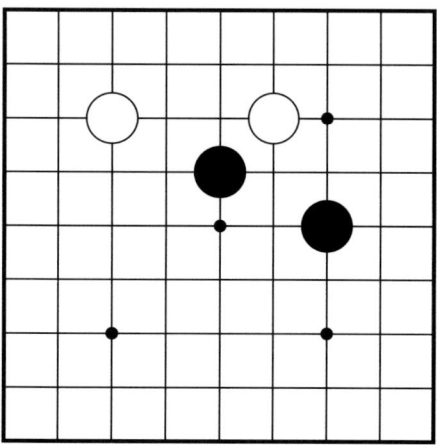

Turno de las Negras.

¿Donde se tiene que jugar para separar las piedras blancas?

84

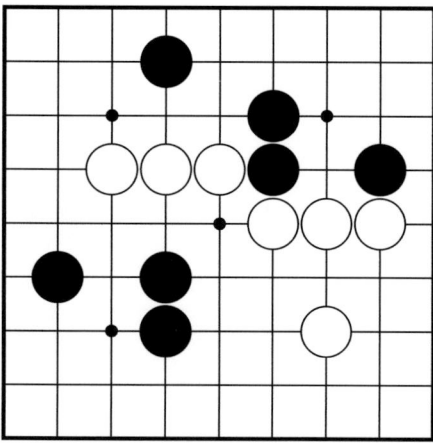

Vidas

Las piedras están capturadas y no pueden escapar. Ahora se tienen que construir una posición segura para vivir.

¿Como se puede asegurar la posición de las negras?

85

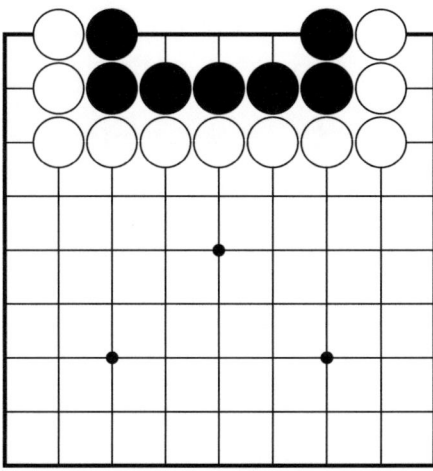

Turno de las Negras ...

... y protege la vida de las piedras en las esquinas !

86

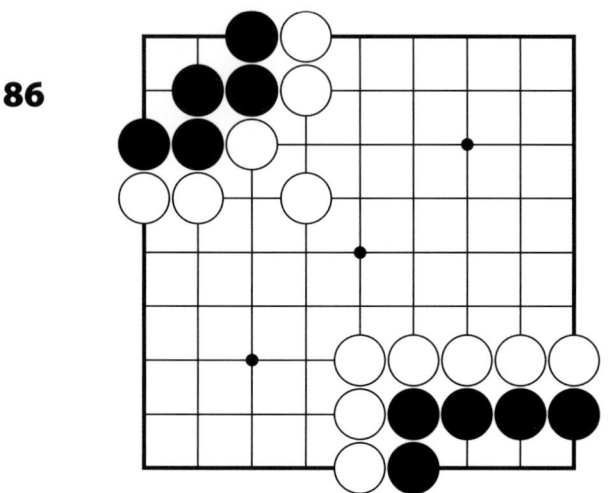

Turno de las Negras.

¿Como se puede asegurar sus posiciones?

87

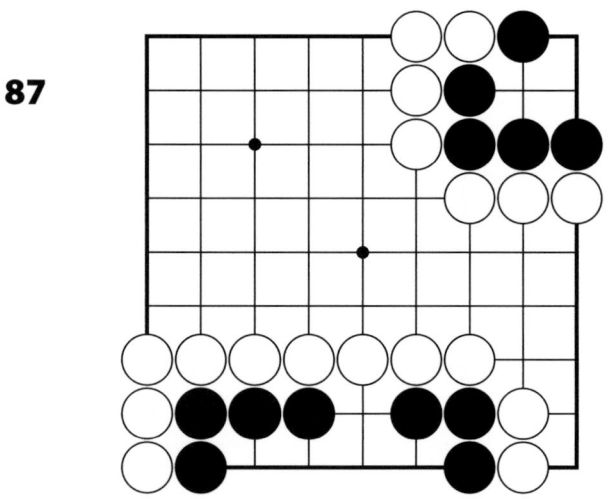

Turno de las Negras.

¿Como se puede proteger la vida de las piedras?

88

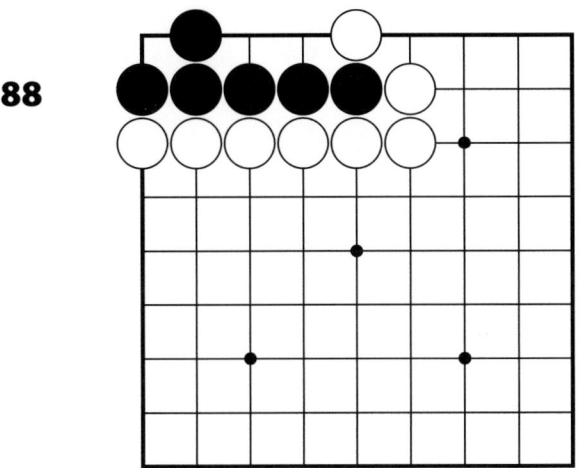

Turno de las Negras ...

... y protege la vida de las piedras!

89

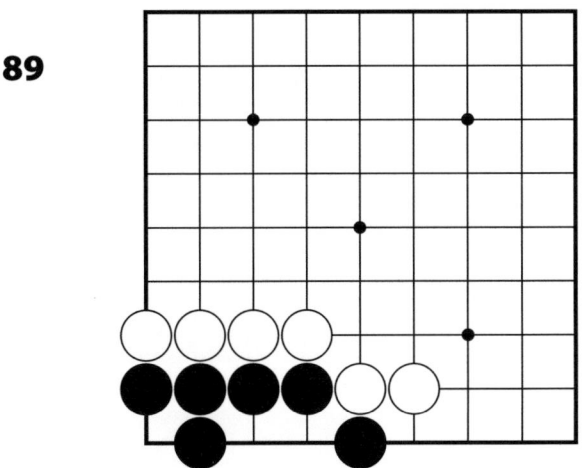

Turno de las Negras.

¿Como se tiene que proteger su posición?

90

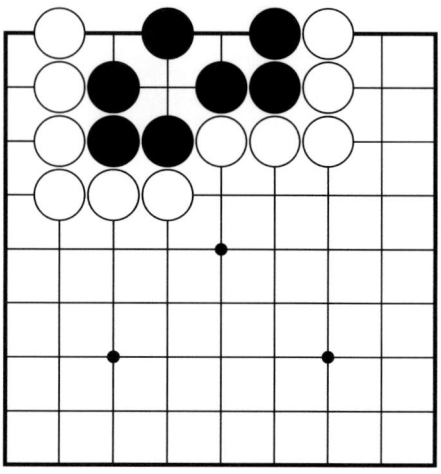

Turno de las Negras.

¿Como se tiene que proteger su posición?

91

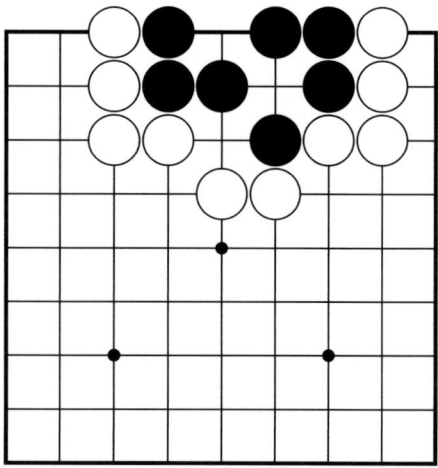

Turno de las Negras ...

... y protege la vida de las piedras!

92

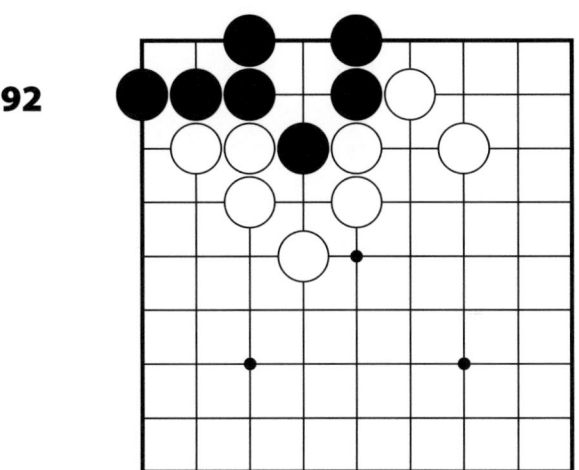

Turno de las Negras ...

... y protege la vida de las piedras!

93

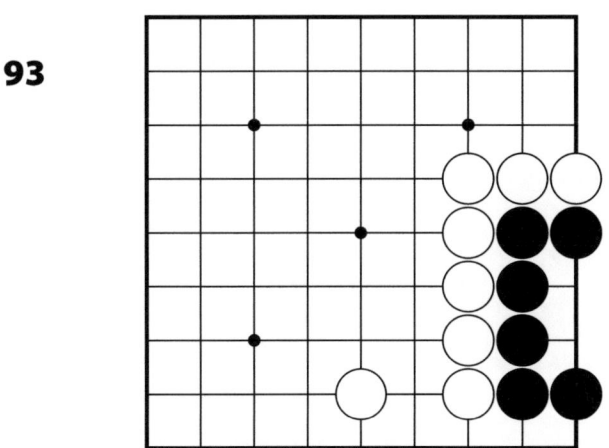

Turno de las Negras ...

... y protege la vida de las piedras!

94

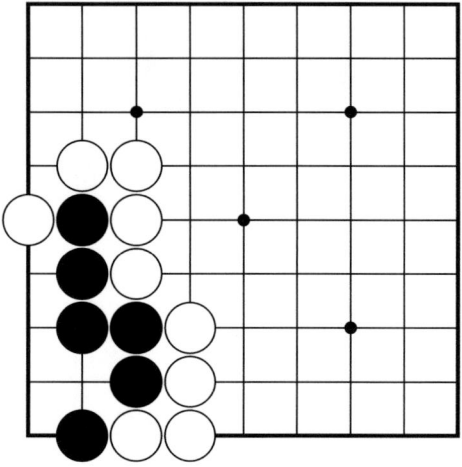

Turno de las Negras.

¿Como se tiene que proteger su posición?

95

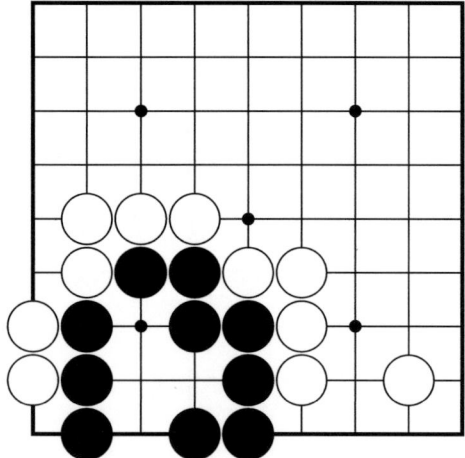

Muerte

Piedras rodeadas que el oponente
no defendió a tiempo pueden ser
eliminadas. Encuentre los puntos vitales
en los ejercicios!

¿Que turno elimina la posición blanca ?

96

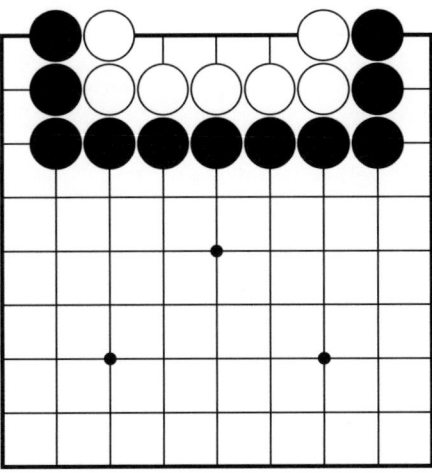

Turno de las Negras.

¿Que son los puntos vitales de las posiciones blancas?

97

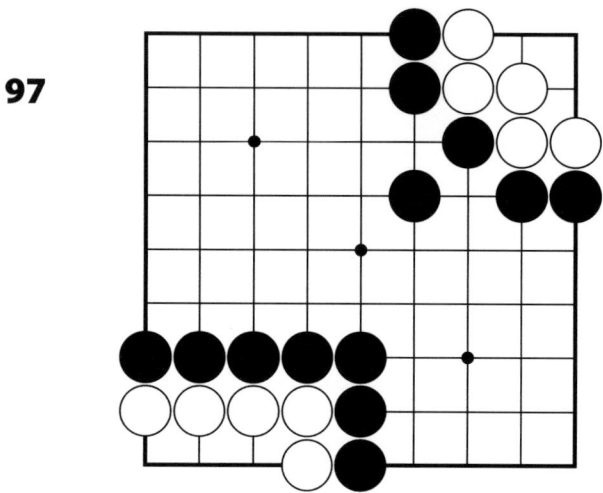

Turno de las Negras.

¿Como se puede eliminar las piedras blancas?

98

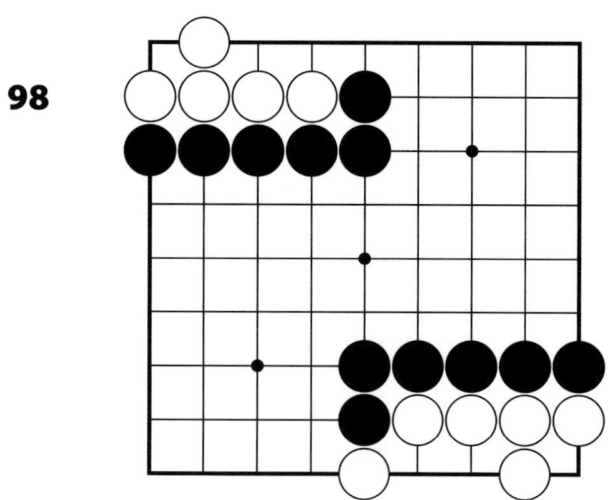

Turno de las Negras ...

... y elimina las piedras blancas!

99

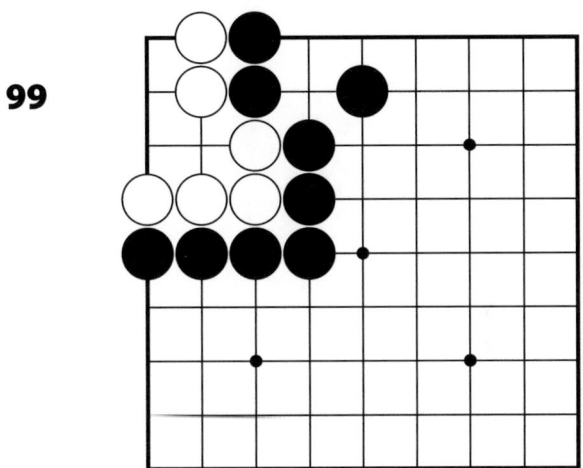

Turno de las Negras ...

... y ocupa el punto débil de la posición blanca!

100

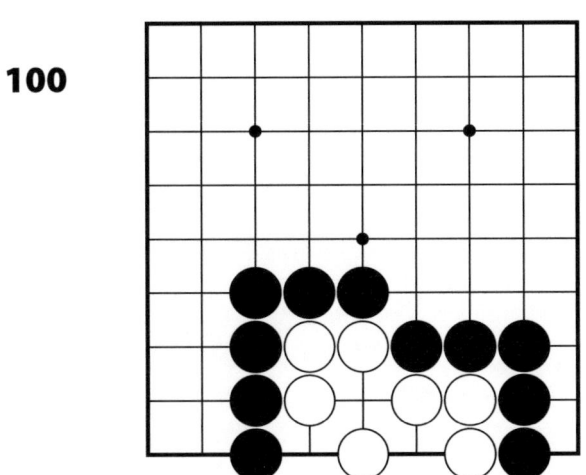

Turno de las Negras ...

… y elimina las piedras blancas!

101

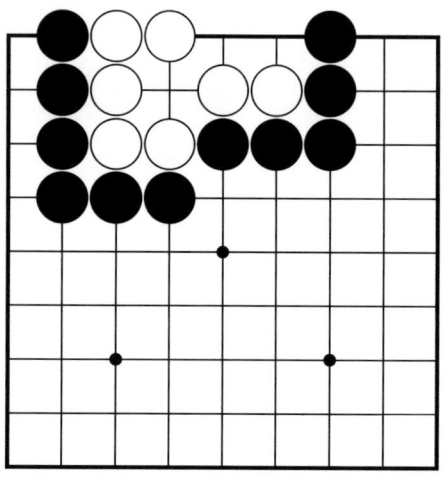

Turno de las Negras ...

… y ocupa el punto débil de la posición blanca!

102

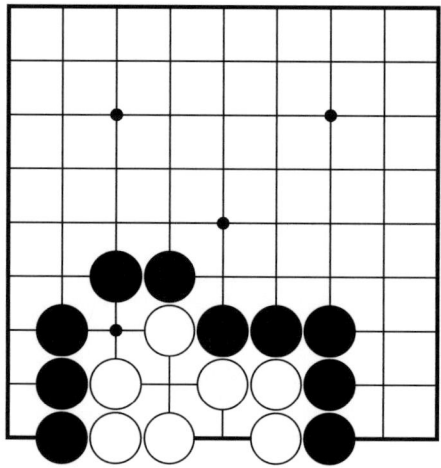

Turno de las Negras.

¿Como se puede usar la piedra para eliminar el grupo blanco?

103

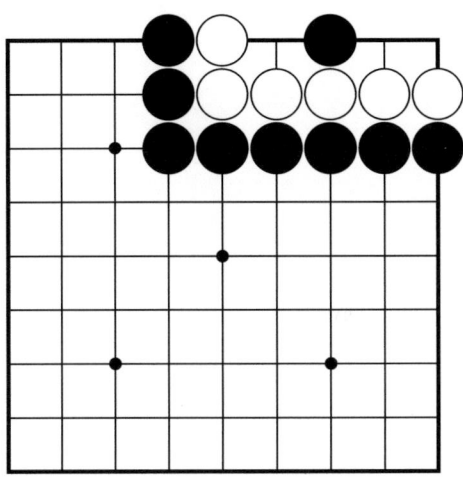

Turno de las Negras ...

... y elimina las piedras blancas!

104

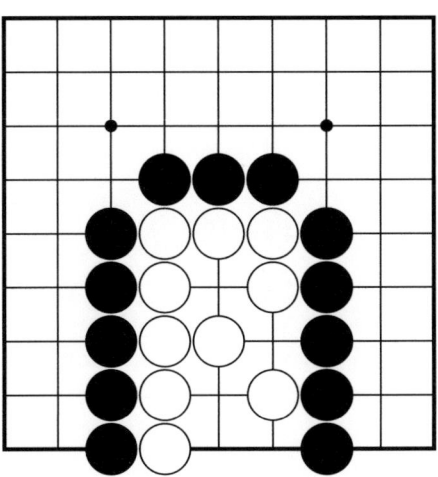

Turno de las Negras.

¿Como se puede eliminar todas piedras blancas?

105

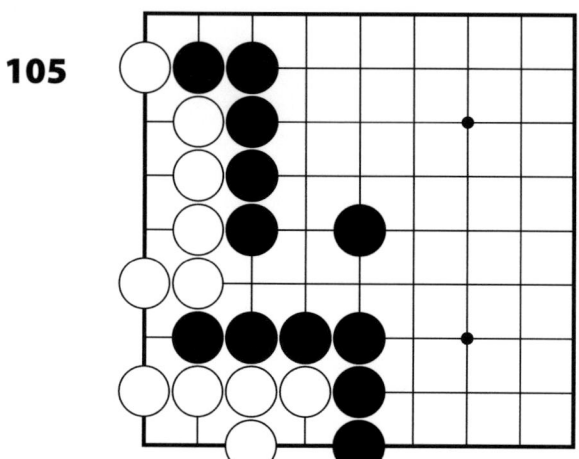

Turno de las Negras.

¿Que es el punto vital en la posición blanca?

106

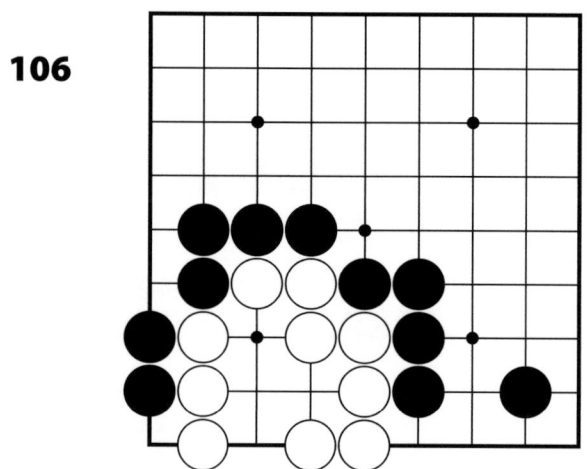

Ko

La regla del kō dice: Si una piedra acaba de capturar otra piedra del oponente, no se puede ser recapturada inmediatamente.

Blanco ha capturada con la piedra marcada una piedra en A. Negro no puede recapturar inmediatemente en A.

107

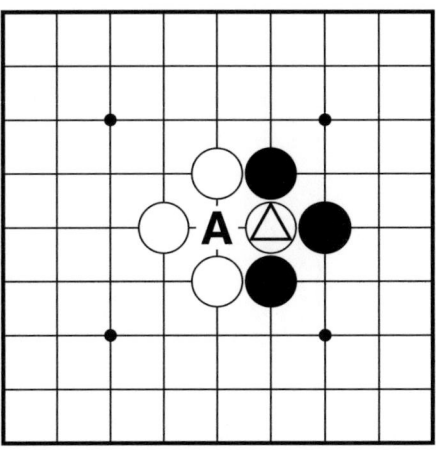

Turno de las Negras.

Negro 1 y blanco 2 preparan un ko. ¿Donde se puede capturar una piedra?

108

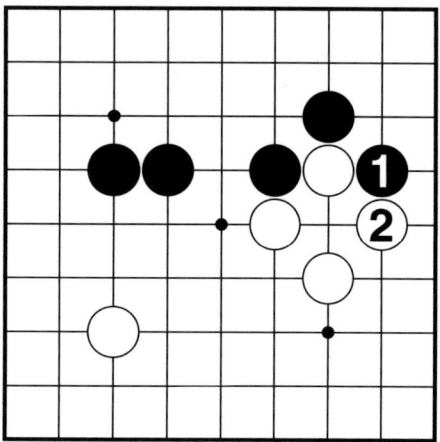

Turno de las Negras.

Negro 1 y blanco 2 preparan un ko. ¿Se puede capturar una piedra ahora?

109

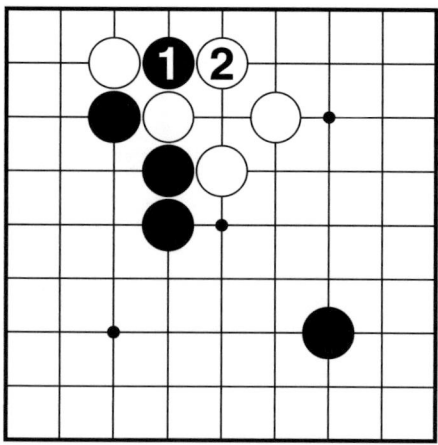

Turno de las Negras.

Blanco 1 pone dos piedras negras en Atari. ¿Como se puede defenderse?

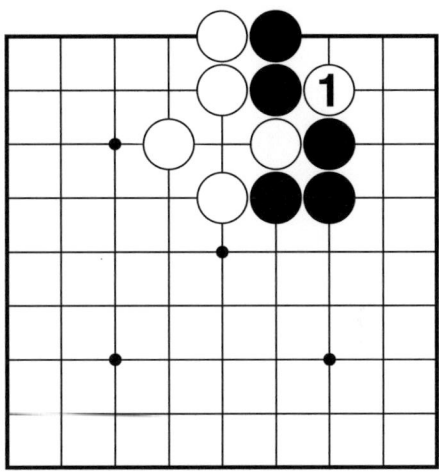

Turno de las Negras.

Blanco 1 pone las piedras marcadas en Atari. ¿Como se tiene que jugar para protegerlas?

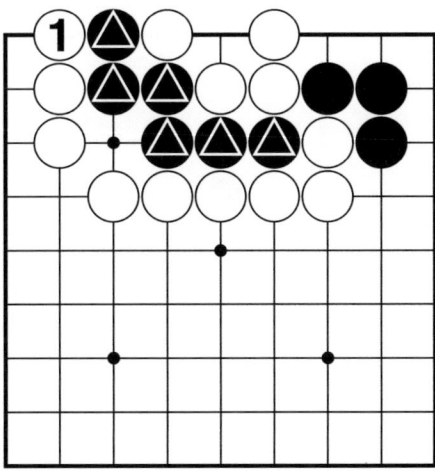

Turno de las Negras.

Blanco captura con 1 la piedra negra. ¿Que se va a hacer?

112

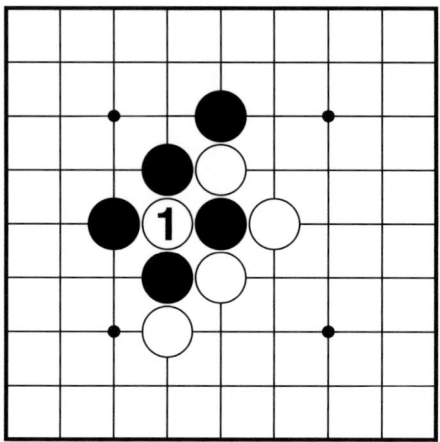

Turno de las Negras.

¿Donde se tiene que jugar en esta posición?

113

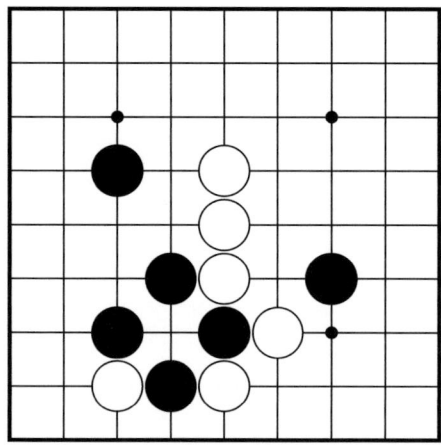

Turno de las Negras.

Blanco ha hecho una jugada con la piedra marcada.
¿Que se va a hacer?

114

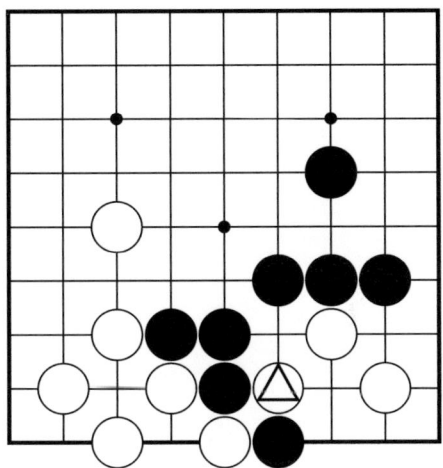

Turno de las Negras.

Blanco ha hecho una jugada con la piedra marcada y
amenaza de capturar los tres piedras negras. ¿Que se
va a hacer?

115

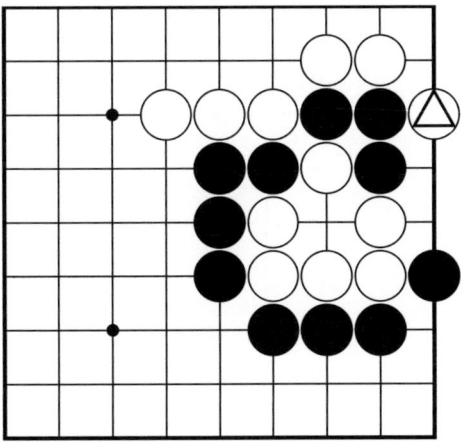

Turno de las Negras.

Blanco captura dos piedras negras con 1. ¿Es permitido de capturar la piedra 1 en la jugada siguiente?

116

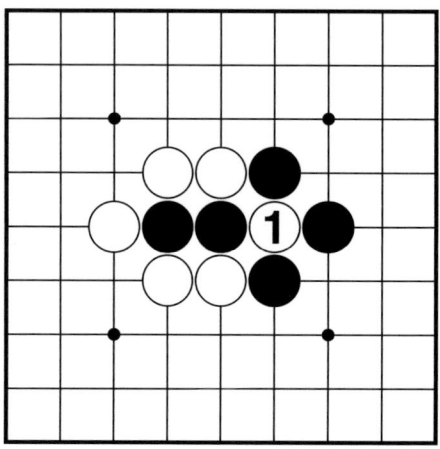

Turno de las Negras ...

... y inicia un ko!

117

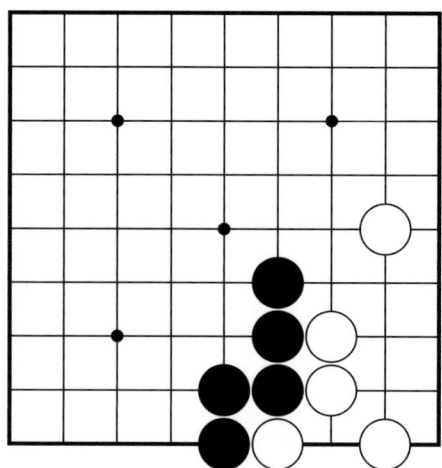

Ojos

Se requiere dos ojos para vivir. Pero solo ojos reales aseguran la vida. Por eso es importante realizar ojos falsos.

Blanco 1 pone una piedra en Atari y negro cubra. Entonces esto punto no era un ojo real.

118

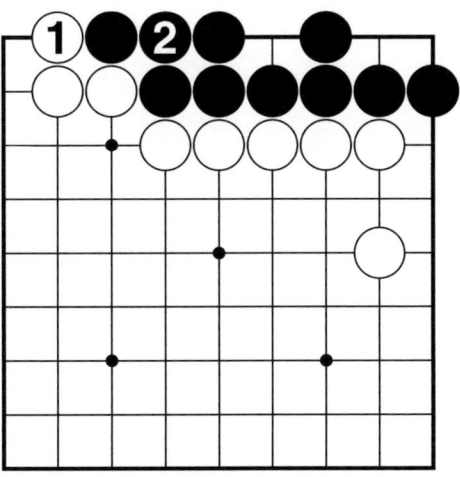

Negro.

¿Es el punto A un ojo real?

119

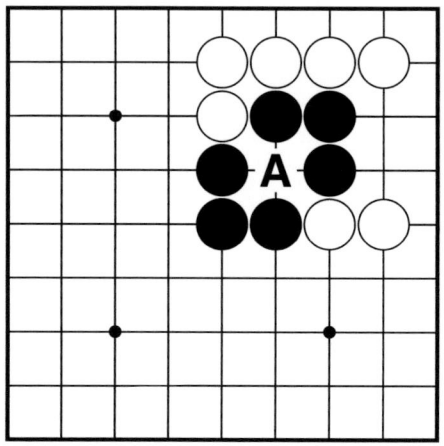

Negro.

¿Es el punto A un ojo real? ¿Se puede vivir su posición en la esquina?

120

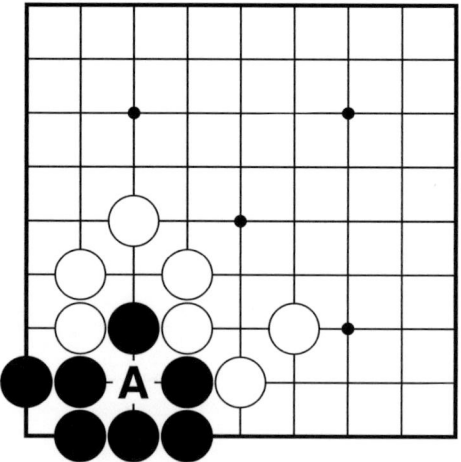

Turno de las Negras.

¿Como se puede crear un ojo falso en la posición blanca?

121

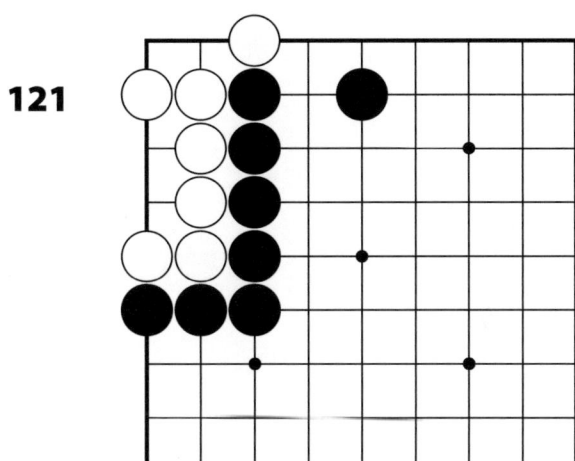

Turno de las Negras ...

... y hace un otro ojo real!

122

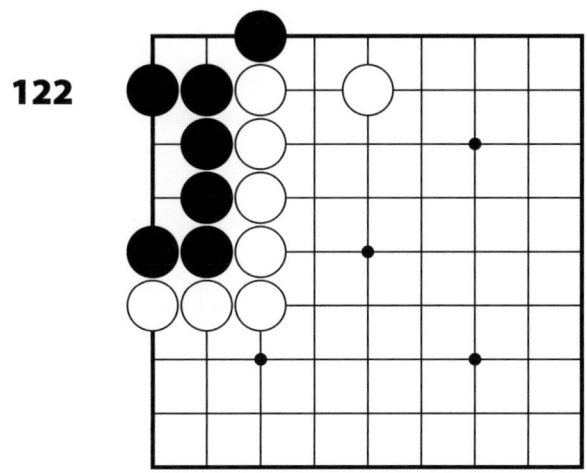

Negro.

¿Tiene la posición negra ojos reales y falsos?

123

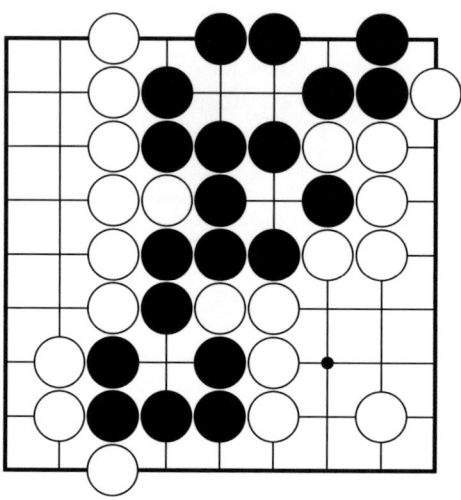

Negro.

¿Que puntos son ojos reales y que ojos son falsos?

124

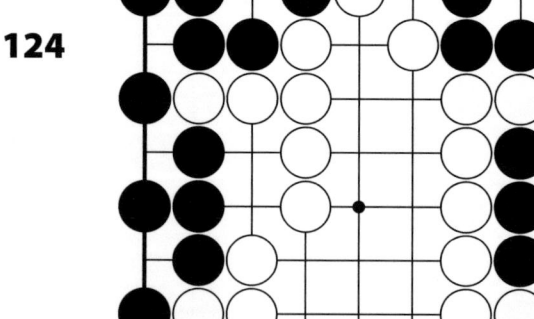

Final de la partida

Al final de la partida se hace el recuento de todos puntos. Cuenta cada una intersección libre y capturada de un color. Si no está precisado, no hay piedras capturadas y no komi*.

¿Cuantos puntos tiene? ¿Quien ha ganado?

125

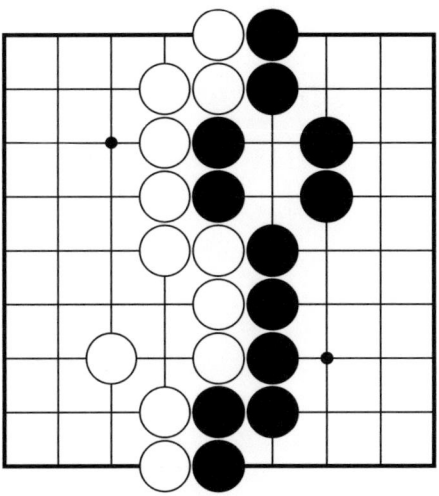

* Komi son los puntos de compensación para el segundo jugador por la ventaja del movimiento inicial de su oponente.

Negro.

¿Cuenta los puntos! Quien ha ganado?

126

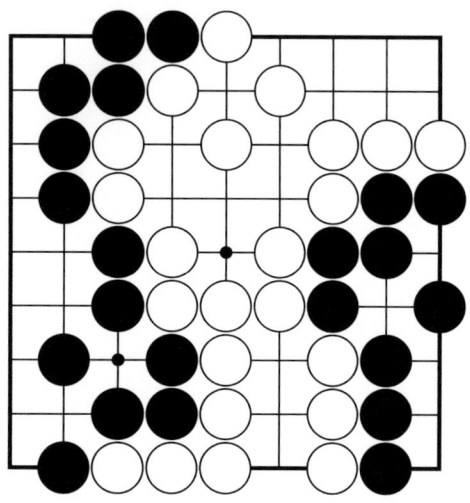

Negro.

¿Cuenta los puntos! Quien ha ganado?

127

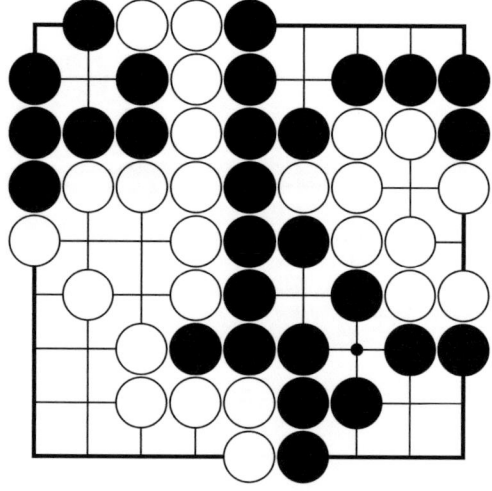

Turno de las Negras.

Hay mas puntos neutrales. Ocupen estos alternadamente. Hace un recuento!

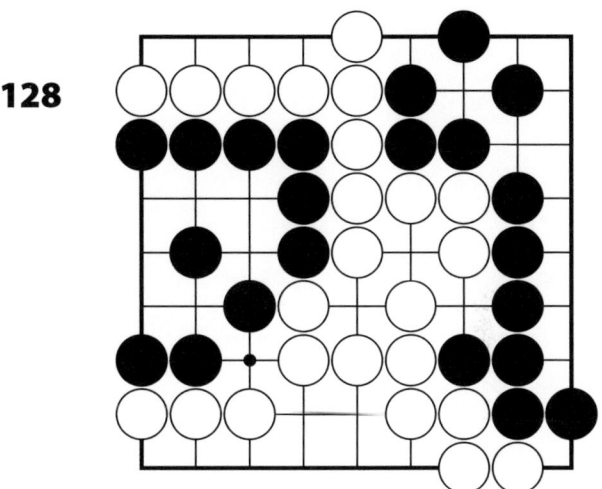

128

Turno de las Negras.

¿Que son los puntos neutrales? ¿Donde se puede ganar mas puntos ? ¿Que dice el resultado?

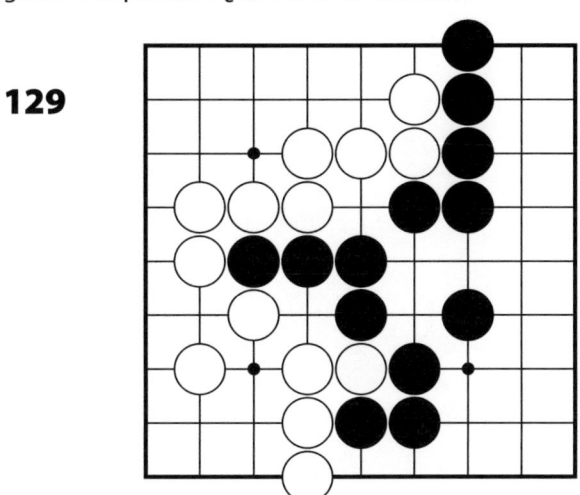

129

Turno de las Negras.

¿Es el punto A un punto neutral? ¿Que puntos son neutrales? ¿Quien ha ganado?

130

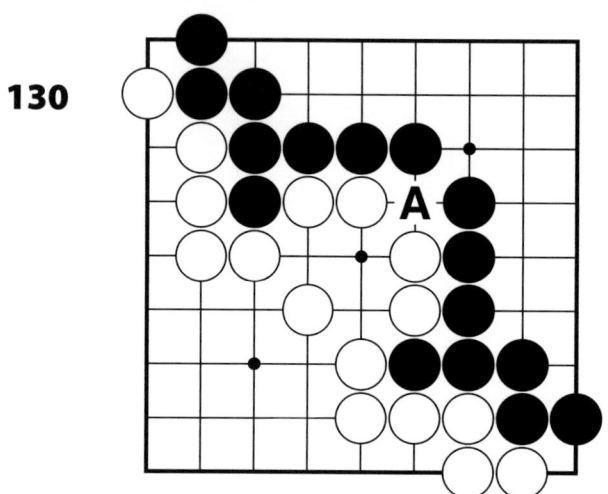

Turno de las Negras.

Determina el resultado de la partida! Tenga en cuenta que hay piedras muertas en el tablero!

131

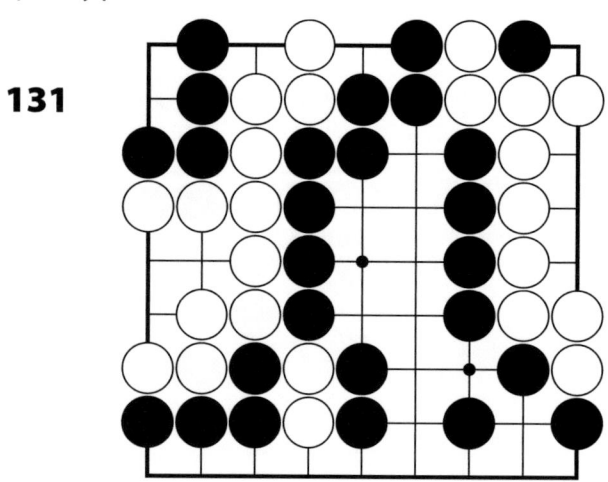

Soluciones

La piedra negra tiene cuatro libertades.

1

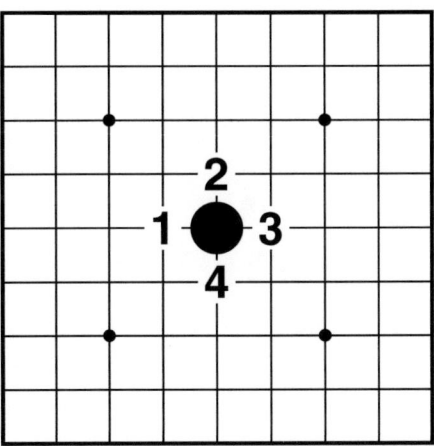

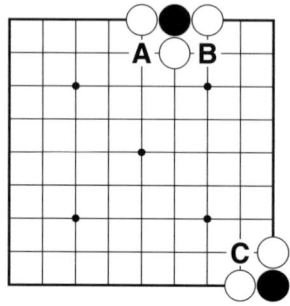

[2] La piedra arriba tiene tres, la piedra abajo tiene dos libertades. Los puntos A a C no constituyen libertades.

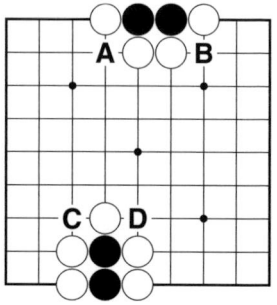

[3] Las piedras arriba tienen cuatro, las dos piedras abajo tienen cinco libertades. Los puntos A a D no son libertades.

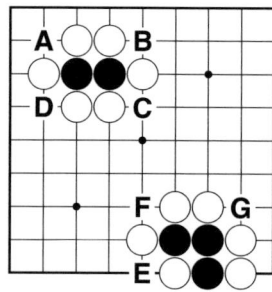

[4] Los dos conexiones de piedras tienen seis libertades respectivamente. Los puntos A a G no son libertades.

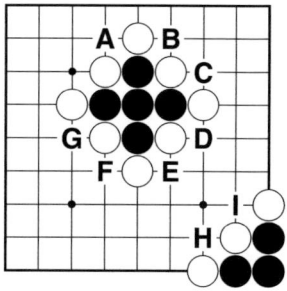

[5] Las piedras arriba tienen ocho, las piedras en la esquina tienen solo tres libertades. Las puntos A a I no son libertades.

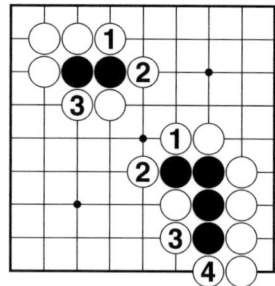

[6] Las piedras arriba tienen solo tres, las piedras abajo todavía tienen cuatro libertades.

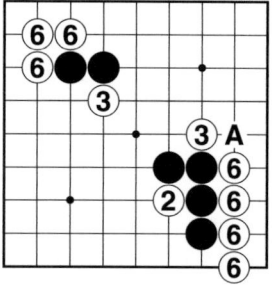

[7] Las conexiones de piedras blancas tienen 2, 3 o 6 libertades. La libertad A esta separada por dos conexiones. Recuenta!

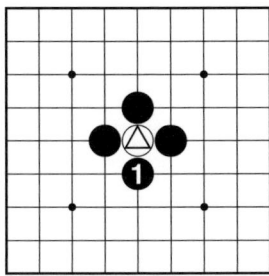

[8] Negro 1 ocupa la última libertad de la piedra marcada y capturarla.

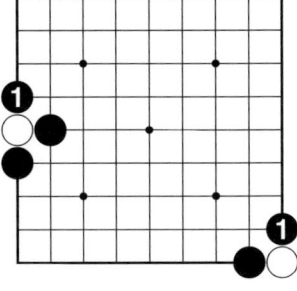

[9] Negro 1 ocupa las últimas libertadas de las piedras blancas.

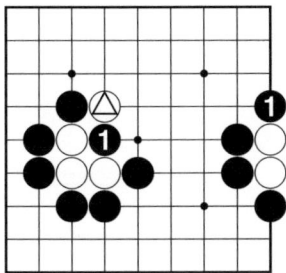

[10] Negro 1 ocupa la última libertad de las piedras blancas. La piedra marcada todavía tiene dos libertades.

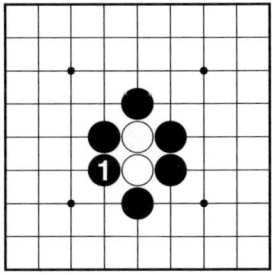

[11] Negro 1 ocupa la última libertad de las piedras blancas.

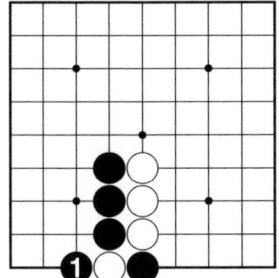

[12] Negro 1 ocupa la última libertad de la piedra blanca y capturarla.

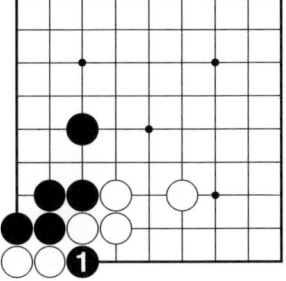

[13] Negro 1 ocupa la última libertad de las piedras blancas y capturarlas.

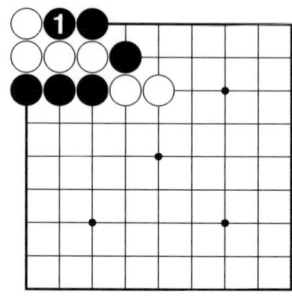

[14] Negro 1 ocupa la última libertad de las piedras blancas.

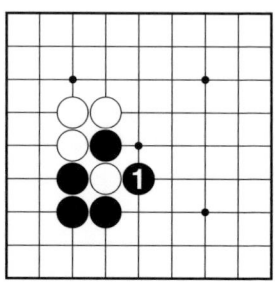

[15] Negro 1 ocupa la última libertad de la piedra blanca.

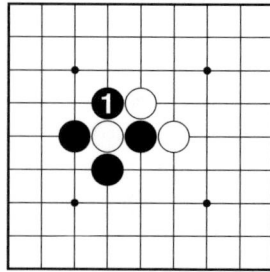

[16] Negro 1 ocupa la última libertad de la piedra blanca.

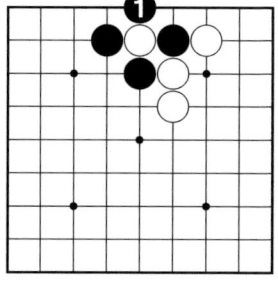

[17] Negro 1 ocupa la última libertad de la piedra blanca y capturarla.

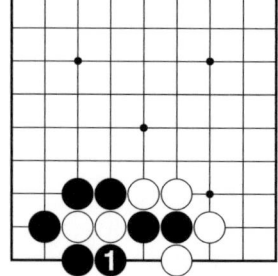

[18] Negro 1 ocupa la última libertad de las piedras blancas y capturarlas.

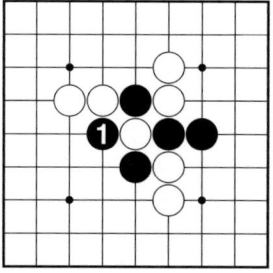

[19] Negro 1 captura una piedra blanca.

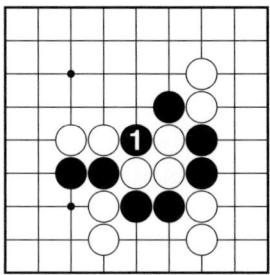

[20] Negro 1 captura tres piedras blancas.

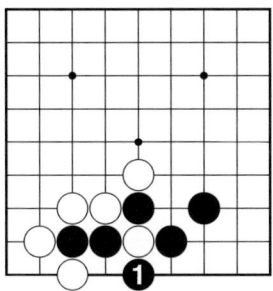

[21] Negro 1 captura una piedra blanca.

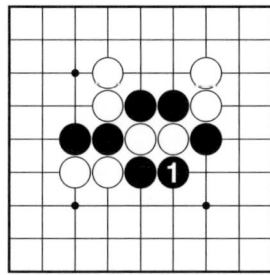

[22] Negro 1 captura dos piedras blancas.

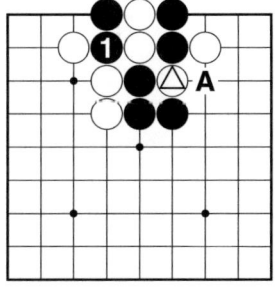

[23] Negro 1 captura dos piedras blancas. Negro puede capturar solo una piedra en A. Entonces negro 1 es mejor.

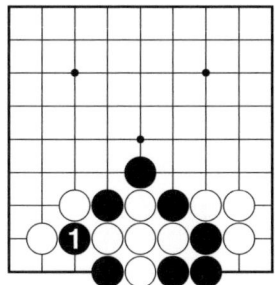

[24] Negro 1 captura cinco piedras blancas.

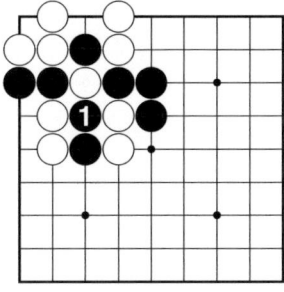

[25] Negro 1 captura una piedra blanca.

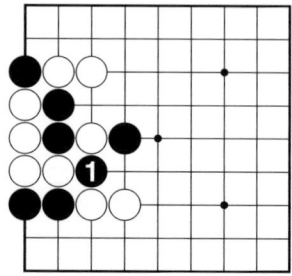

[26] Negro 1 captura las cuatro piedras blancas al borde.

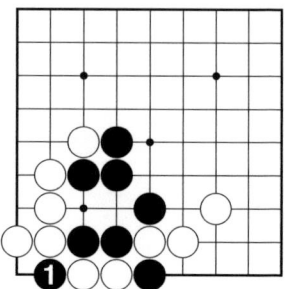

[27] Negro 1 captura dos piedras blancas.

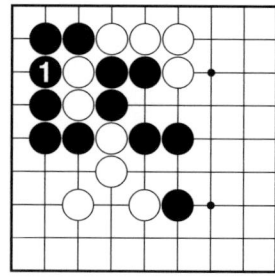

[28] Negro 1 captura dos piedras blancas.

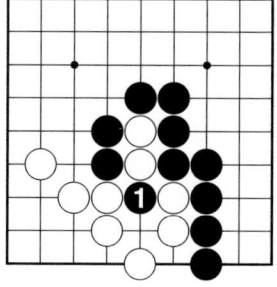

[29] Negro 1 captura dos piedras blancas.

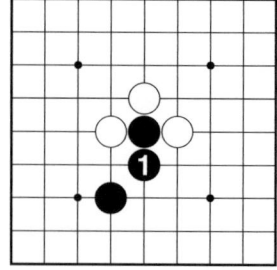

[30] Negro 1 saca la piedra amenazada del Atari.

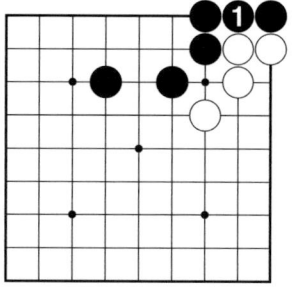

[31] Negro 1 libra la piedra amenazada por conectarla con las otras piedras.

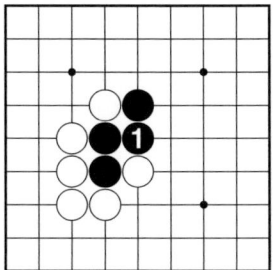

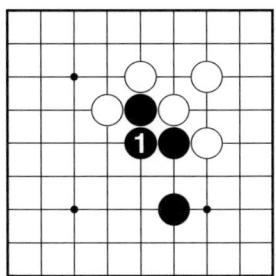

[32] Negro 1 conecta las piedras y protegerlas de la capturada.

[33] Negro 1 cubre el Atari y conecta la piedra amenazada.

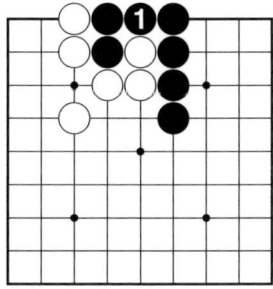

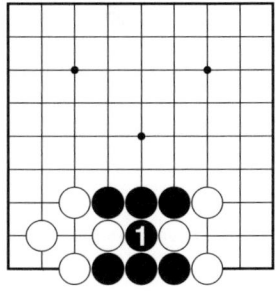

[34] Negro 1 conecta las piedras amenazadas con las otras piedras negras.

[35] Negro 1 conecta las piedras amenazadas con las otras piedras negras.

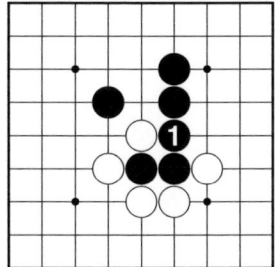

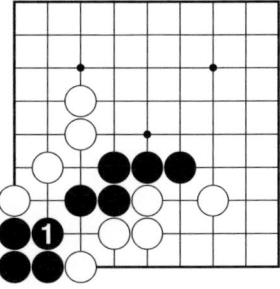

[36] Negro 1 conecta las piedras amenazadas con las otras piedras negras.

[37] Negro 1 libra las piedras amenazadas. No hay otro turno que puede cumplir esto.

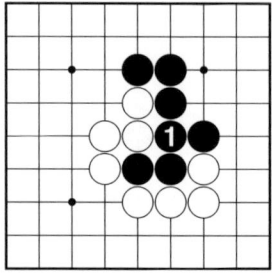

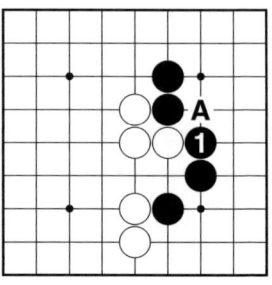

[38] Negro 1 conecta las piedras amenazadas con las otras piedras negras.

[39] Negro 1 conecta las piedras. En caso de que las blancas corten a las negras, negro podría capturar esta piedra.

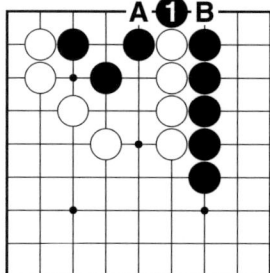

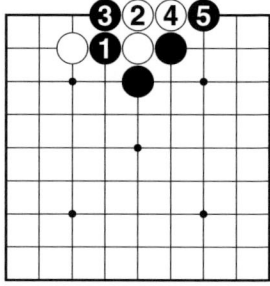

[40] Negro 1 conecta las piedras a la primera línea. En caso de que las blancas ataquen en A o B, negro capturaría.

[41] Negro 1 es el Atari correcto pues blanco no puede escapar al borde.

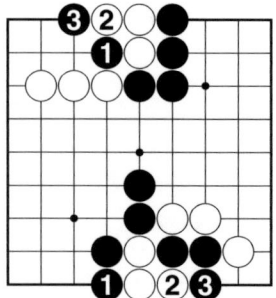

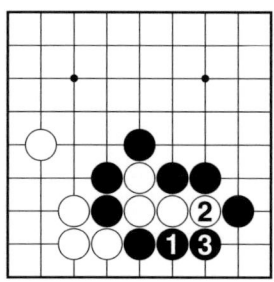

[42] Negro es correcta. Si negra hace una otra jugada arriba, blanco conectará en 1.

[43] Negro 1 es el Atari correcto pues blanco no puede escapar.

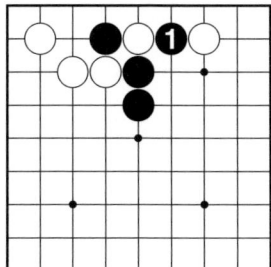

[44] Negro 1 es correcta. Si negro hace ona otra jugada, blanco conectará en 1.

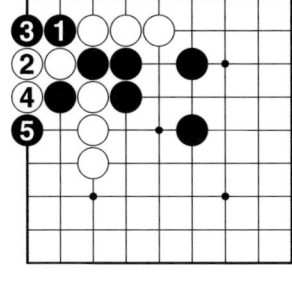

[45] Negro 1 es el Atari correcto pues blanco no puede escapar al borde.

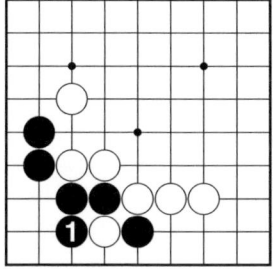

[46] Negro 1 es el Atari correcto pues blanco no puede escapar al borde.

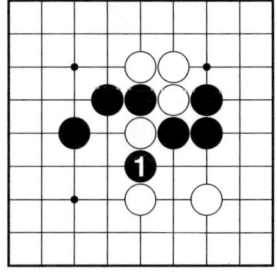

[47] Negro 1 es la dirección correcta.

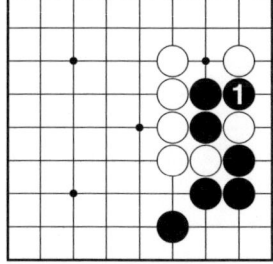

[48] Negro 1 es correcta. Si negro hace ona otra jugada, blanco conectará en 1.

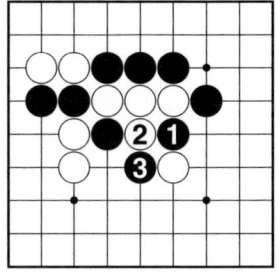

[49] Negro 1 es el Atari correcto. En caso de que las blancas traten de escapar, negro capturaría en 3.

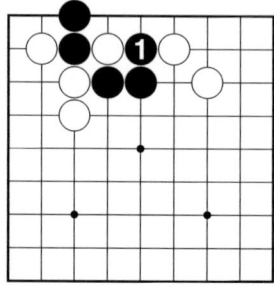

[50] Negro 1 hace el Atari de la dirección correcta.

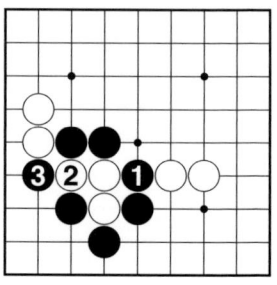

[51] Negro 1 es correcta. Si negro hace ona otra jugada, blanco conectará en 1.

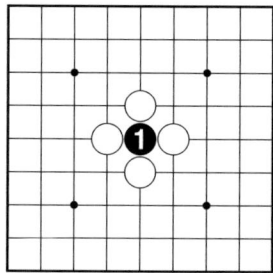

[52] Negro 1 no es permitido pues sería suicido. La piedra negra no tiene libertades.

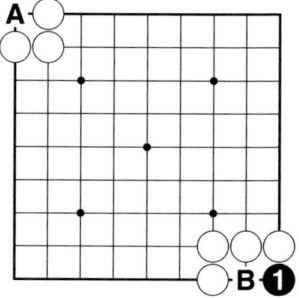

[53] Una jugada negra en A es prohibido. Pero negro 1 es permitido porque la piedra tiene una libertad en B.

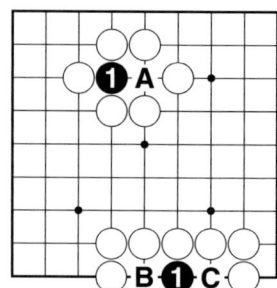

[54] Las dos jugadas de negro 1 son permitidos. Las piedras tienen las libertades A, B y C.

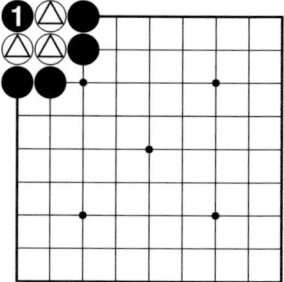

[55] Negro 1 es permitido pues captura las tres piedras blancas marcadas.

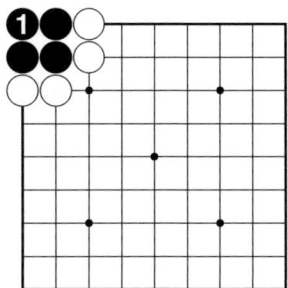

[56] Negro 1 es prohibido pues las cuatro piedras negras no tendrían mas libertades.

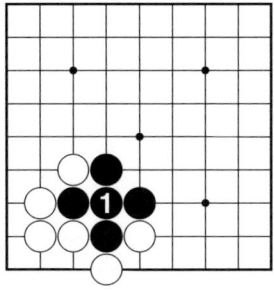

[57] Negro 1 es permitido. Captura dos piedras amenazadas.

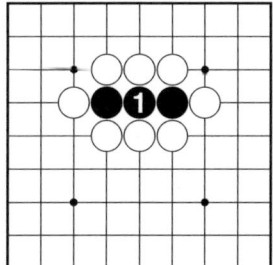

[58] Negro 1 es prohibido pues las tres piedras negras no tendrían mas libertades.

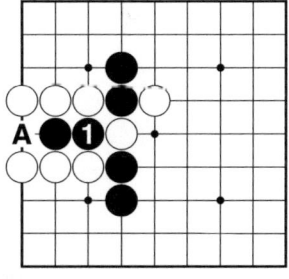

[59] Negro 1 es permitido porque las dos piedras tienen una libertad en A.

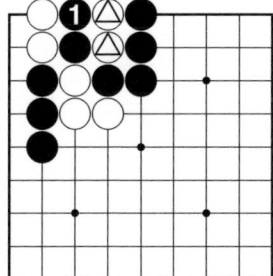

[60] Negro 1 es permitido pues captura las dos piedras blancas.

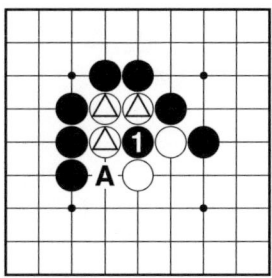

[61] Negro 1 no es permitido pues las piedras blancas marcadas tienen una libertad en A.

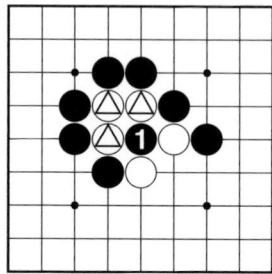

[62] Negro 1 es permitido pues captura las tres piedras marcadas.

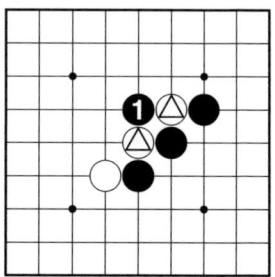

[63] Negro 1 es correcto pues amenaza las dos piedras marcadas al mismo tiempo. Blanco puede librar solo una piedra.

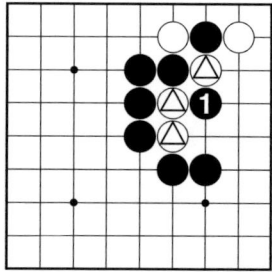

[64] Negro 1 pone una y dos piedras en Atari.

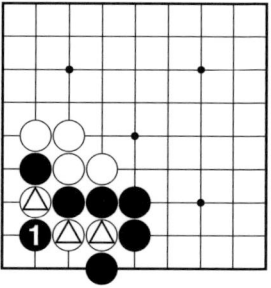

[65] Negro 1 es el doble-Atari.

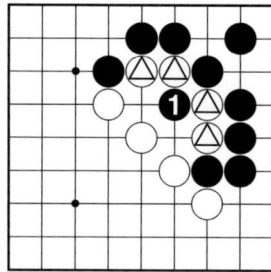

[66] Negro 1 pone dos veces dos piedras en Atari.

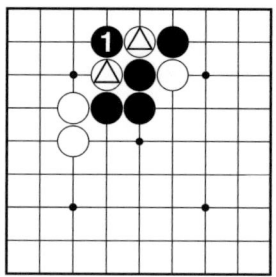

[67] Negro 1 es correcto pues amenaza dos piedas al mismo tiempo.

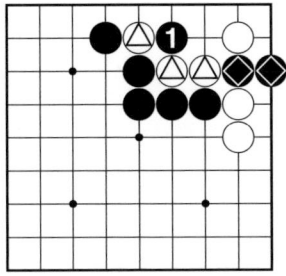

[68] Negro 1 es el doble Atari. Tengan en cuenta que se no puede librar las piedras negras marcadas.

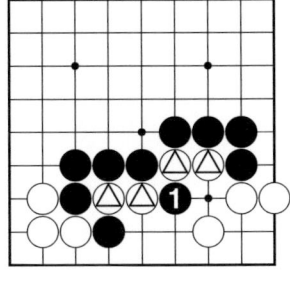

[69] Negro 1 es el doble Atari.

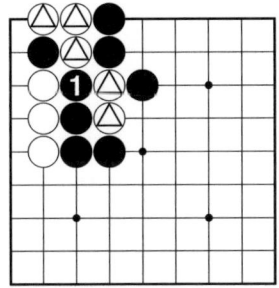

[70] Negro 1 es correcto pues amenaza dos conexiones de piedras al mismo tiempo.

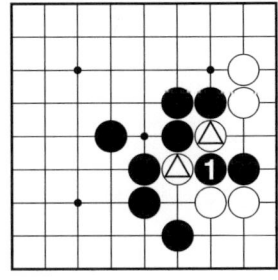

[71] Negro 1 es el doble-Atari.

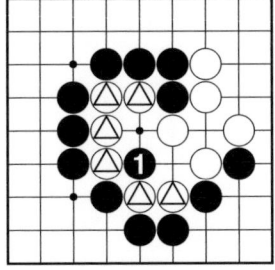

[72] Negro 1 pone dos y cuatro piedras en Atari.

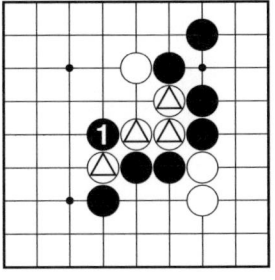

[73] Negro 1 pone una piedra y tres piedras en Atari.

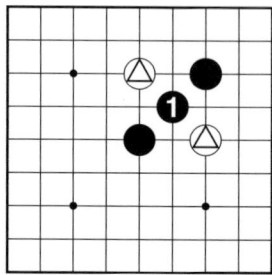

[74] Negro 1 separa las dos piedras blancas y conecta las negras.

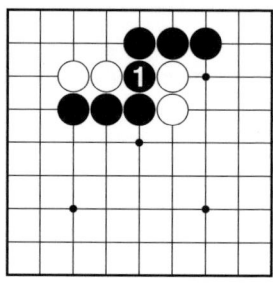

[75] Negro 1 separa las piedas blancas y conecta las negras.

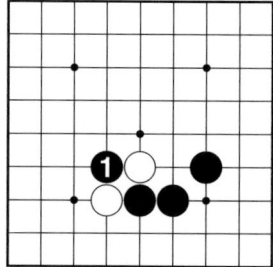

[76] Negro 1 corta y así separa las piedras blancas.

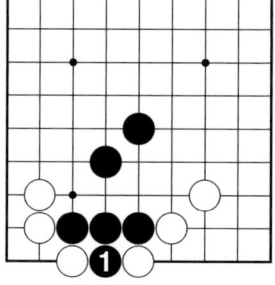

[77] Negro 1 evita que las piedras blancas se conectan.

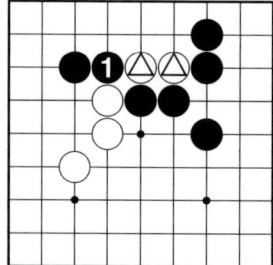

[78] Negro 1 corta. Los dos piedras marcadas están casi muertas.

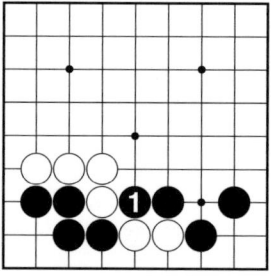

[79] Negro 1 corta. Los dos piedras blancas no se pueden escapar mas.

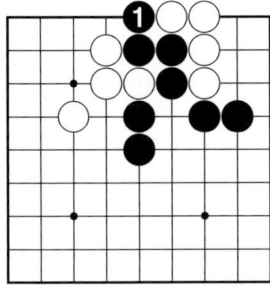

[80] Negro 1 separa y así evita que las piedras blancas se conectan.

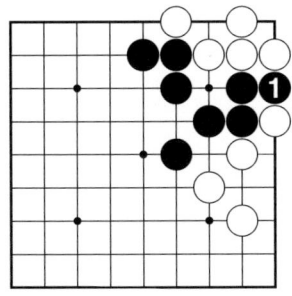

[81] Negro 1 separa las piedras blancas.

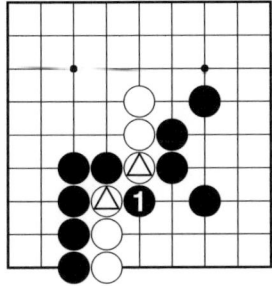

[82] Negro 1 corta y así separa las piedras blancas.

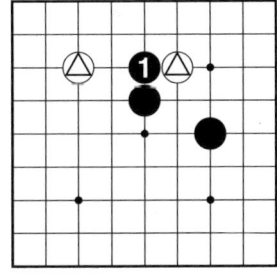

[83] Negro 1 separa las piedras blancas que ahora no se pueden conectan mas.

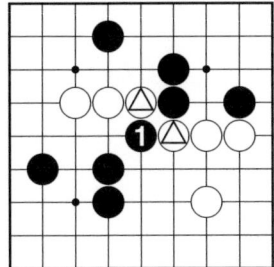

[84] Negro 1 corta y así separa las piedras blancas.

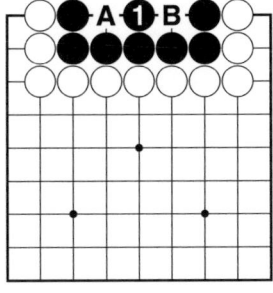

[85] Negro 1 es un punto vital que asegura dos ojos: A y B. Negro vive.

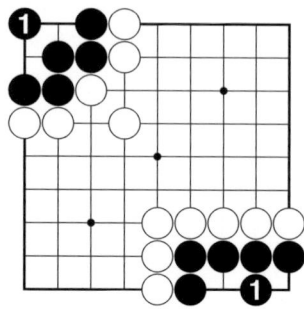

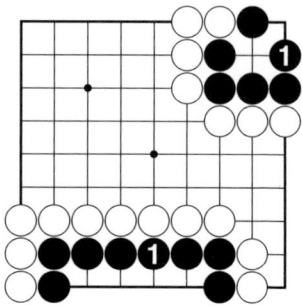

[86] Negro 1 ocupa los puntos vitales. Las dos esquinas son seguras y no pueden ser capturadas.

[87] Negro 1 protege la vida. No hay otro turno que puede cumplir esto.

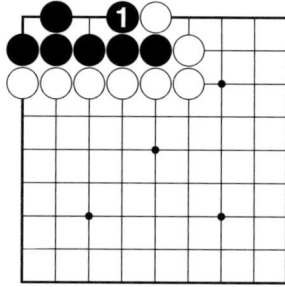

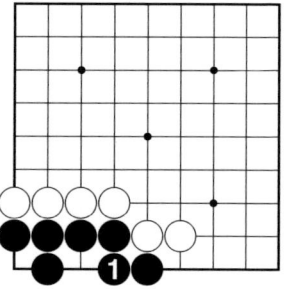

[88] Negro 1 protege el segundo ojo. Negro vive.

[89] Negro 1 protege el segundo ojo. Negro vive.

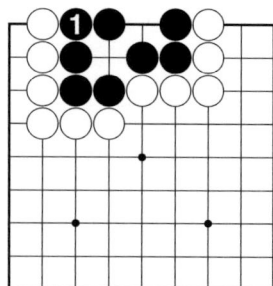

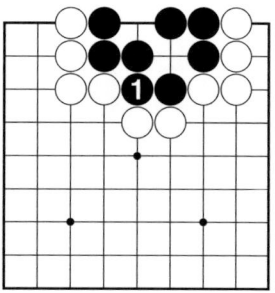

[90] Negro 1 protege el segundo ojo. Negro vive.

[91] Negro 1 protege el segundo ojo. Negro vive.

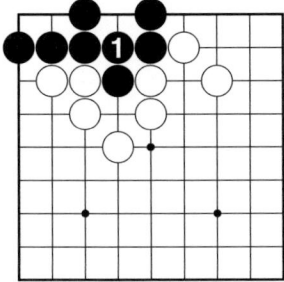

[92] Negro 1 es necesario y protege la vida del grupo.

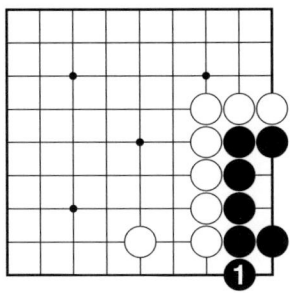

[93] Negro 1 protege el segundo ojo. Negro vive.

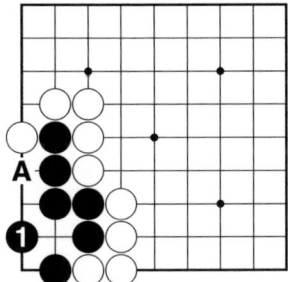

[94] Negro 1 protege la vida. En caso de que las negras hagan una jugada en A, blanco hace una jugada mortal a 1.

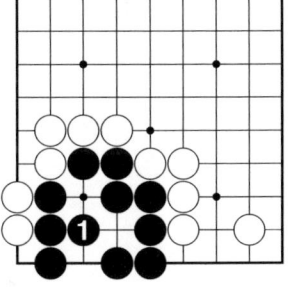

[95] Negra 1 protege la forma de los ojos. Negro vive.

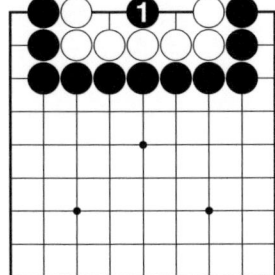

[96] Negro 1 evita que blanco puede crear dos ojos. Blanco está muerto.

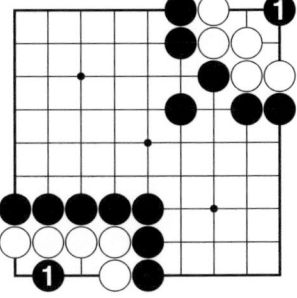

[97] Negro 1 evita en las esquinas que blanco puede crear dos ojos. Los dos grupos están muertos.

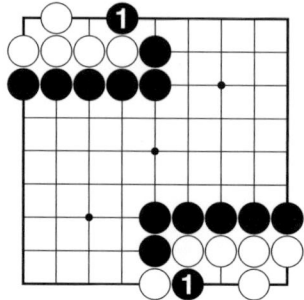

[98] Negro 1 evita el segundo ojo de blanco. Los grupos blancos están muertos.

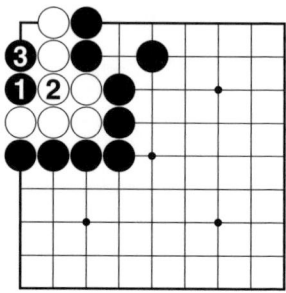

[99] Negro hace Atari con 1 y evita dos ojos con 2. En esta situación, negro puede jugar inmediatamente a 3.

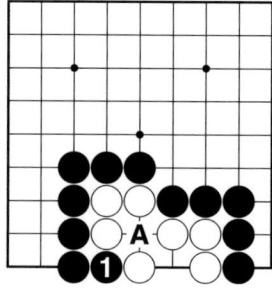

[100] Negro 1 mata pues las tres piedras blancas están en Atari. Negro puede captura en A.

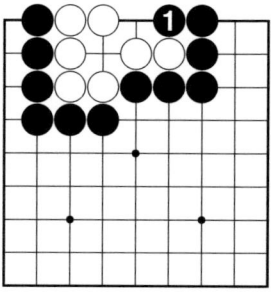

[101] Negro 1 evita el segundo ojo de blanco.

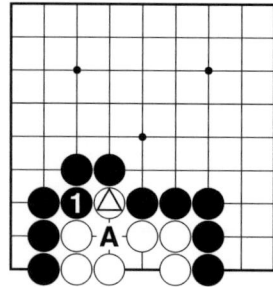

[102] Negro 1 mata. La piedra marcada está en Atari y puede ser capturada en A.

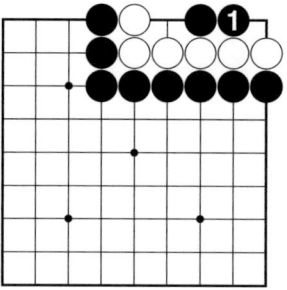

[103] Negro 1 evita que blanco tiene dos ojos.

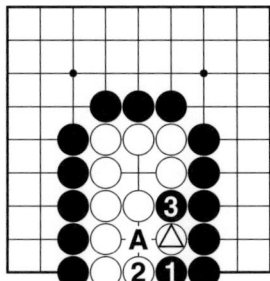

[104] Negro 1 es correcto. En caso de que las blancas responden a 2, negro hace un Atari por 3.

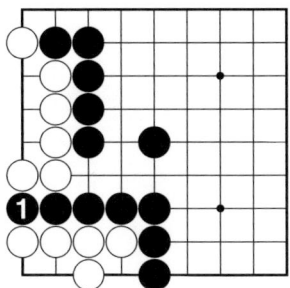

[105] Negro 1 separa los grupos blancos. Tienen solo un ojo respectivamente y no pueden vivir.

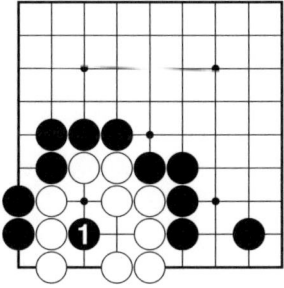

[106] Negro 1 ocupa el punto vital y evita el segundo ojo de blanco.

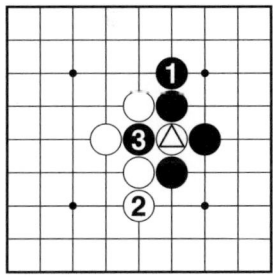

[107] Negro no puede recapturar inmediatamente. Tiene que jugar en otro lugar antes de capturar con 3.

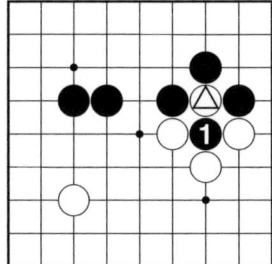

[108] Negro 1 prepara el ko por capturar el primero.

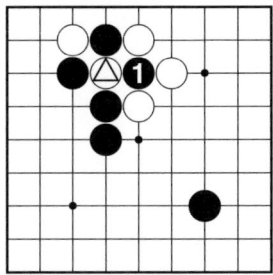

[109] Negro 1 inicio el ko. Blanco no puede recapturar inmediatamente.

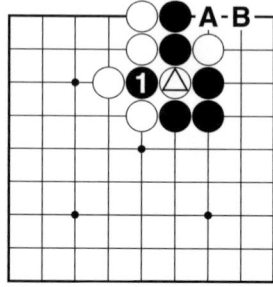

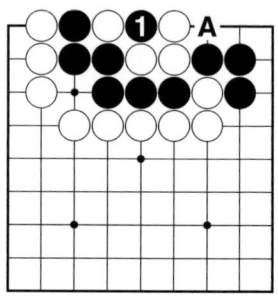

[110] Negro 1 inicio el ko. En caso de que las negras jueguen en A, blanco capturaría negro por B.

[111] Negro 1 inicio el ko. Para librar sus piedras, negro tiene que capturar en A.

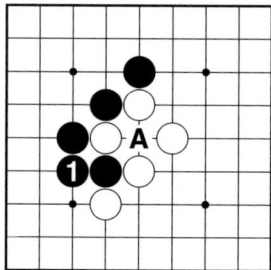

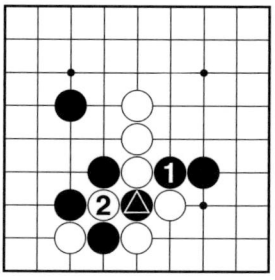

[112] Negro tiene que evitar por 1 que otras piedras serán capturada. Todavía no se puede jugar en A.

[113] Negro 1 separa las piedras blancas y blanco tiene que iniciar un ko con 2.

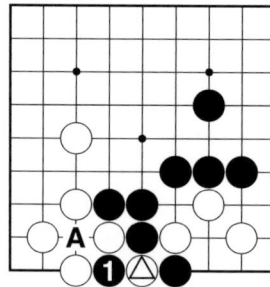

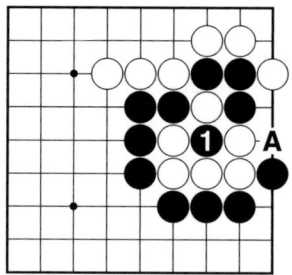

[114] Negro 1 captura y blanco no se puede recapturar inmediatamente. En caso de que las blancas cubran en A, negro cubrirá en la piedra marcada.

[115] Iniciar el ko con negro 1 es la única posibilidad! Para ganar el ko, negro tiene que capturar en A.

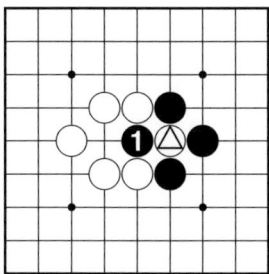

[116] Negro se puede recapturar una piedra con 1. No es un ko.

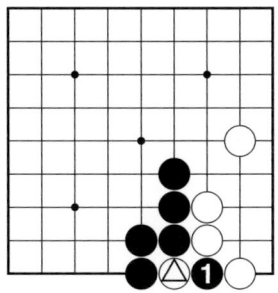

[117] Negro 1 inicio el ko al borde del tablero.

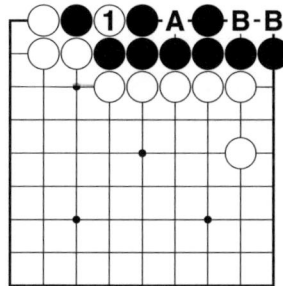

[118] En caso de que las negras no cubran, blanco podría capturar en 1. Entonces es un ojo falso.

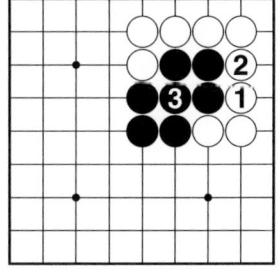

[119] Porque negro tiene que cubrar a blanco 1 y 2, el punto no era un ojo real.

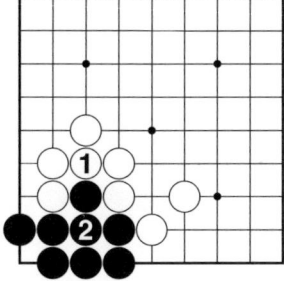

[120] Blanco 1 está un Atari. Cubrir no se ayuda, pues el grupo tiene solo un ojo real y por eso está muerto.

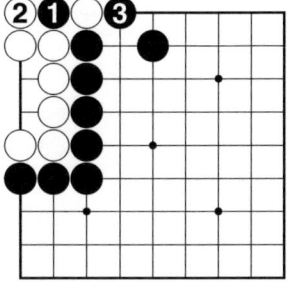

[121] Negro 1 hace el ojo a un ojo falso. En caso de que las blancas capturen por 2, negro hace un Atari en 3.

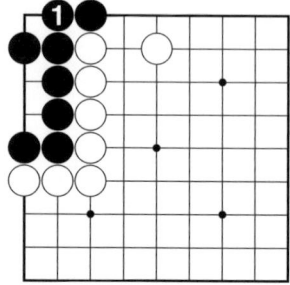

[122] Negro 1 protege un segundo ojo real.

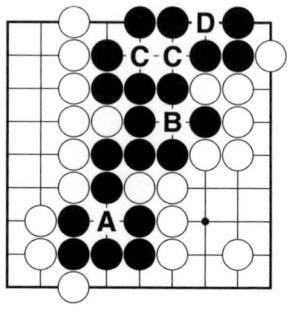

[123] Los puntos A y B son ojos falsos. Sin embargo, C y D son ojos reales.

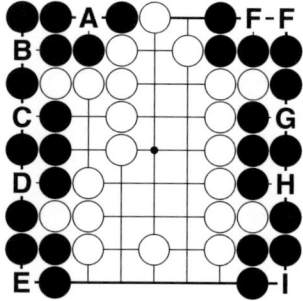

[124] Los puntos A a E son ojos falsos porque blanco puede capturar sucesivamente.

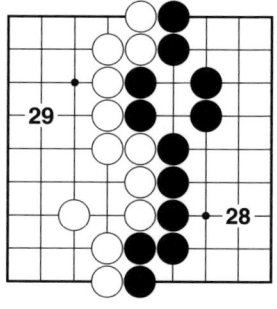

[125] Negro tiene 28 puntos, blanco tiene 29. Negro pierda con un punto.

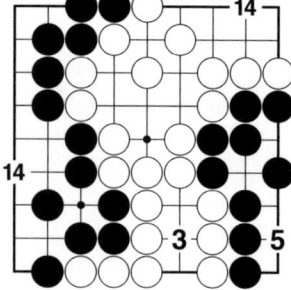

[126] Negro tiene 19 puntos en total. Blanco tiene 17 puntos. Negro ha ganado con dos puntos mas.

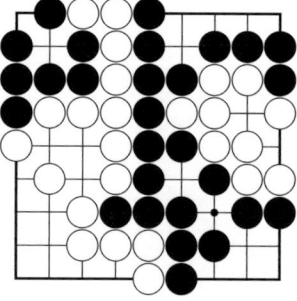

[127] Aquí hay 14 puntos para negro y 14 para blanco. La partida se termina empatada.

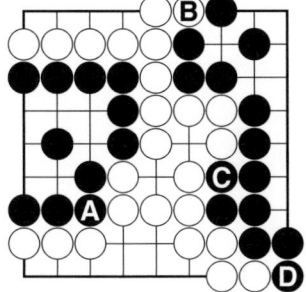

[128] Los puntos A a E son neutrales y son ocupados alternadamente. No es importante quien tiene que punto. Negro ha ganado con tres puntos.

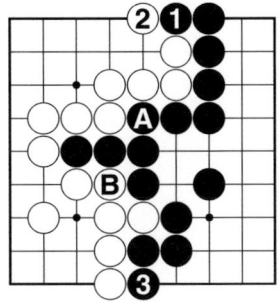

[129] Negro 1 y 3 hacen mas puntos. A y B son puntos neutrales y son ocupados alternadamente. Negro ha ganado con un punto.

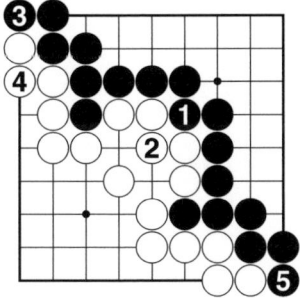

[130] Negro 1 amenaza con un doble-Atari. Por eso blanco tiene que defender con 2. Despues negro 5 se puede hacer la recuenta. Negra ha ganado con dos puntos.

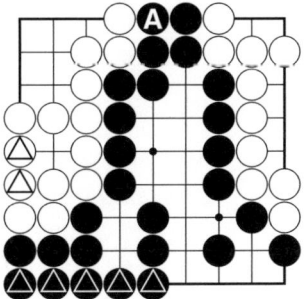

[131] Piedras muertas reducen los puntos (piedras marcadas). A es el único punto neutral. Negro ha ganado con cuatro puntos.

TABLERO Y PIEDRAS

Más libros en Tablero y Piedras:

Turno de las Negras.
El Libro de Ejercicios de Go. 25K - 20K
   Gunnar Dickfeld

Visítanos en nuestra pagina web:
www.tableroypiedras.es

Libros de Go en Inglés:
www.boardnstones.com